JN075808

仏教は現代人への救いとどう向き合うのか

仏教・密教思想からの見識

静慈圓 著

セルバ出版

はじめに

本書が求めるところは、仏教学の立場から「現代における人間への救い」を見出していくことである。僧侶はいかなる形で、現代社会との関係を求めればよいのだろうか。私たちの安心《あんじん》につながるヒントを仏教思想で探し求めるものである。

僧侶とは何か ―業種はサービス業か？ 職種は事務職か？―

私は、僧侶である。住職さん、和尚《おしょう》さん、坊さん、ご住《じゅう》さん、上綱《じょうごう》さん、法印《ほういん》さん、前官《ぜんがん》さんなど、いろいろ呼ばれながら生きている。お寺で生まれた私は、これらの呼ばれ方に疑問を持っていなかった。

現在80歳である。この歳になって、「僧侶とは何か」を改めて考えるようになった。例えば、商売人の目的は何かといえば、それは利潤の追求であろう。では僧侶の目的は何かといえば、それは「悟りの追求（上求菩提《じょうぐぼだい》）」と「人間を救うこと（下化衆生《げけしゅじょう》）」であろう。単純にこのように考えても、僧侶は、何か特別な職種《しょくしゅ》のようである。

そして、僧侶はお寺に居住している。するとお寺とは何か。宗教法人法では、お寺は「3人以上の責任役員を置き、そのうち1人を代表役員とする」と規定されている（宗教法人法第18条第1項）。通常代表役員は僧侶であり、住職である。歴史的に僧侶は、寺院と関係している。

さらにいうならば、僧侶は、「業種《ぎょうしゅ》」か「職種」か。

「業種」とは、つまり商売の種別。日本標準産業分類によると20種類に大別されている。製造業・建設業・運輸業・サービス業などである。「職種」とは、職業分類から選ぶこと。職業・職務つまり仕事の種類。事務職、管理職、営業職などとなる。すると僧侶は、「サービス業なのか、寺院の事務職なのか」といえば、これも理解し難い。

一般に人間には、それぞれのイメージがある。「私は農業をしています」「漁業をしています」といえば、それぞれの職業のイメージがわかる。

また、「私はスポーツ選手です」「音楽家です」「高校の教師です」「医者です」「弁護士です」「小説家です」「学生です」などといえば、それぞれの職業イメージはもちろん、各人の専門分野をたずねれば、その人がどのような仕事をしているのかおおよそ理解できる。

医者であれば、内科か、外科か、産婦人科か。学生であれば、何々大学の専攻は何。スポーツであれば、ラクビー、野球、バレーボール、体操、フィギュアスケート、水泳というように。するとその人の、思考の仕方や活動の様子がおぼろげながら見えてくるものである。

さて、僧侶の場合はどうか。現代の僧侶は何をする職業なのだろう。葬式、法事の仏事には僧侶が来る。僧侶のイメージとは仏事なのかといえば、これも事実である。だがそればかりではない。

僧侶には、外から見る僧侶へのイメージ、また僧侶が自ら認識している自分へのイメージがある。今、私がここで捉えようとしているのは、「僧侶の立場から、僧侶とは何かを問うこと」である。さらに僧侶には「坊主根性」というものが確かにある。これは、どのようなところから生まれてくるのかも考えてみたい。

救いとは何か ―国家の行動を超えた中村哲医師の救い―

本書を執筆する主たる要因となったのは、中村哲《なかむらてつ》という人に興味を持ったことによる。中村哲医師は長年、アフガニスタンでハンセン病患者の治療・救済、コレラなどの感染症に苦しむ人々を救っていた。しかしどんなに救っても、患者はいなくならない。やがて「病気の原因は、現地住民の貧困・生活環境、水にある」と気づく。

中村医師の言葉である。「医者である私が、医学で病気を治せるのは数万人、数万人を治したところで何も変わらない」と。中村医師は、メスを鍬《くわ》に持ち替えた。そして井戸掘りから始め、気がつけば重機に乗っていた。医者と重機との関係は、何なのか。

アフガニスタンの国内が戦争状態にあった２００１年、中村医師は状況を知る人物として日本の国会に呼ばれた。「外国の軍事面の援助は一切不要でございます」、「自衛隊の派遣は有害無益、百害あって一利なしというのが私たちの意見です」「人民は食べることができれば、銃は持ちません」と、はっきりと述べていた。しかし日本の国会は、自衛隊を派遣した。結果、日本との関係は悪化した。

中村医師が医学から気づいた「救い」は、「１００の診療所よりも飲み水と農業用水」つまり「灌漑《かんがい》用水事業」のための行動であった。それによりアフガニスタンの干ばつの大地が緑に甦《よみがえ》っていく。

令和元（２０１９）年12月4日、彼は銃撃に倒れてしまったが、彼の人生で「人を救う」ことを成し遂げた。アフガニスタンは、国を挙げて中村医師の葬儀を行った。切手にもなった。まさに身を張っての救済の仕事であった。中村医師の遺志は、「ペシャワール会」が引き継ぎ、活動を続けている。

中村医師の行動から、人間を救うということにおいて、一個人の活動が国家の行動よりも尊いことがはっきりと理解できる。

私はこの生き方に感銘を受けている。僧侶である私は、自分の人生で何をしているのか。ふり返ると、学問としての「仏教学」、「密教学」、「密教の作法」は学んできた。しかしそれで「人間を救う」ことに気がついていただろうか。仏教学をもって「人間を救う」行動とは何か。僧侶である自分が「人間を救う」ことにかかわるとは、どういうことなのか。

◆医師↓医学の探究↓（病院）人間を救う。

中村医師の場合は、アフガニスタンで鍬と人間をつなぐ。

◆僧侶↓仏教学の探究↓（寺院）人間を救う。

私の場合は、高野山で心と人間をつなぐ。

このような発想で考えると、高野山での仕事がいろいろと見えてくる。医学・医療と宗教が手を結ぶことも可能であろう。高野山を救いの世界、「密厳浄土《みつごんじょうど》」につくる夢も見えてくるのである。

２０２３年９月

静　慈圓

仏教は現代人への救いとどう向き合うのか―仏教・密教思想からの見識　目次

第2章 死とは何か―現代の死「脳死」「安楽死」「尊厳死」を考える

仏教絵図に残る日本人の「死生観」と医学的に判断する死の「三徴候」

第3章　生とは何か ―「生」における「楽しみ」の源とは

第5章　仏教経典の中に救いを見出す

大乗経典の思想では「救い」をどう説くか

第6章　密教思想の中に救いを見出す

仏教とは否定思想であり、密教とは肯定思想である

おわりに

主要参考文献

第1章　父の思い出

――一番身近な死を書き残す

精神は肉体に勝つ。父が見せた「生への執念」と「坊主根性」

はじめに父と私のことを書くことにした。

人間は生きている。百人百様の生き方がある。どの生き方が正しいか悪いかということはいえない。人間として生きている中で、まずは父と私にスポットをあてていきたい。

私は、昭和17（１９４２）年生まれ、現在80歳。気持ちは若いが、私の青春時代をぶつけた師、つまり私を育てていただいた多くの人はすでにいない。私が師事したどの方も、自分の命を燃焼させてのち死す、といった見事な死であった。死してのちも、その方々が残されたことは学問を通して、芸術を通して私の中に生きており、なお世の中で生きている。

「人は死ぬ」とは、当然のことであるものの、その死に直面することは、何ともやるせない気持ちを抱く。今まで深く考えなかった死という問題について、意識せざるを得ない歳に、私自身がなったということだろう。

いろいろな人の死に接してきた。死者への思い出も種々様々である。しかしその中で一番身近な死は、やはり父の死である。父の生きざまとその死、当然それは私と直接つながっている。そして今、私は父について書き残すことを、私に課せられた責務であると思うようになった。よって略文ながらここに書くこととした。

父と私それぞれの誕生

父は明治44（1911）年3月15日、徳島県徳島市（旧名西《みょうざい》郡）国府《こくふ》町で日和田惣平《ひわだそうへい》の四男として生まれた。日和田勝治《かつはる》という。幼少より体が弱かったので、それが原因で僧侶への道に進んだ。

師との関係で徳島県吉野川《よしのがわ》市（旧麻植《おえ》郡）山川町の医光寺《いこうじ》という山寺の住職となった（僧名・慈勝《じしょう》）。24歳のときである。

母は、父とは親戚筋にあたり、「慈勝さんのところへ嫁いで世話をしなければ慈勝さんは死ぬよ」と親類にいわれて結婚したという。無茶な話であるが、このことも事実である。父25歳、母20歳のときであった。そして5人の子どもをもうけた。姉2人、私、妹、弟である。

私は、昭和17（1942）年11月に生まれた。名前は「進《すすむ》」。3人目にして初めて男が生まれたので、父は私をかわいがった。当時の冬は暖房設備もなかった。そこで父は私を毛布にくるみ、母が私を毛布から出すと、風邪をひくといって再び毛布にくるませた。私は、胸の前で手を合わせたまま、蓑虫《みのむし》状態で育てられた。春になり気がついたときには、腕がまっすぐ伸びなくなっていたという。

父、病気になる

小さな山寺は、本堂もなかった。父40歳のとき（私9歳）、本堂建立が進められていた。世話人の中には、賛成者ばかりではない。小心の父はあれやこれやと苦慮していた。大阪、神戸と県外に出ていった檀家にも寄付を求めて一軒ずつ根気よく回った。

あるとき、檀家の葬式から帰った父が、「心臓の動悸が激しい」といって寝込んだ。これが父の最初の病気であった。以後77歳で遷化《せんげ》するまでの37年間、父は病気と共に生きることとなる。

発作的に動悸が激しくなって止まらないという心臓の病気は、その後20年は続いた。特に始め10年はどは激しかった。寝ている父の掛け布団が、呼吸をする度に大きく上下していたことを、子供心にも覚えている。私が5、6歳のころ、夏になると父は私を裸の体の上にのせ、歩かせてくれた。こうしてよく遊んでもらった。その父の姿は、このときにはもうなくなっていた。

母はどうしてよいかわからず、父の発作が起こると布団の横に座り、悲嘆にくれていた。

小さな５人の子供を抱えた母の気持ちを思うと無理はない。私たちの大黒柱は、私が幼少のときに倒れてしまったのである。

　それ以後、母をはじめ、私たち子供もよく働いた。というより生活のために働かざるを得なかったのである。母は近所の田畑の手伝いをよくした。ただ小学校のときには、友達の家ではお母さんが台所仕事をするのに、家では父が食事をつくっていたのが、不思議でならなかった。

　夏休みに姉と私は、そうめんを製造している檀家のところで働いた。私の仕事は、そうめんを入れる木箱をつくる作業である。板を合わせて釘を打ちつけて木箱をつくる。檜皮《ひわだ》葺《ぶき》の職人が釘を口いっぱいに入れ、一本一本口から出してはトントンと木槌を振るう。これと同じように、一本一本、口から釘を出して、金槌を振るう。初めてのアルバイト代は４４０円であったと覚えている。「進ちゃんには新しい10円玉ばかり」といって、10円銅貨のピカピカしたものばかりくれた。私はそれが眩しかった。中学1年生の夏であった。以後夏休みにはこの仕事をした。

父、私にお経を教える

　小学5年生の夏休み、毎夜父は『理趣経《りしゅきょう》』と「声明《しょうみょう》」を教えてくれた。父のあとを、声を出して読んでいくのだが、途中で私の声は聞こえなくなる。正座させられていたので足が痛く、私は泣いていたのである。小学6年生の夏休みもお経の練習が続いた。

そして6年生の夏休みも終わる頃、私は父につき、檀家の世話人の家に法事に行った。初めてのことであったので、そのときのことは、はっきりと覚えている。

父の後ろに座ってお経を読んだ。蚊が私の額《ひたい》に止まり、かゆくてたまらない。両手で経本を持っている私は、正座したまま手を動かすことができなかった。多くの人の前では動かしてはいけないと思ったからである。私は額の筋肉を動かして蚊を追い払おうとしたが、蚊は動かない。汗が出てきて、全身が熱くなった。しかし頑張った。お経が終わってほっとした。

集まった人は、「大きな声でお経が読めたね。お父さんより上手や」といって褒めてくれた。私はうれしかった。

病弱の父と一緒に葬式を執り行う

それからというもの、父と一緒に私が行くと「鉢《はち》」を叩くので、どこからも「私の同行」が求められた。鉢とは金属製の仏具で、シンバルと同じ構造をしている声明用の楽器である。父がひとりで行う法事では鉢のような鳴り物はなかなか登場しなかったので、檀家さんもうれしかったのだと思う。

私が同行した理由はそれだけではない。檀家の多くは山村である。遠いところは3時間もかかる山中の家もある。父には「どこで倒れるかわからない」という不安もあったので、常に私を連れて行ったのである。

特に葬式のときには、檀家宅での葬儀を終えると遺体を大きな瓶《かめ》に入れ担《かつ》いで列をつくり、各地域にある墓地まで歩いて行く。私は鉢を叩きながら葬列に加わる。険しい山道もある。

友引のときには「友を引く」といわれ、深夜0時を過ぎなければ墓地へは出発しない。0時になると、鉢を叩きながら墓地へ行き、瓶を埋め、上に平らな石を置き墓とする。

父は七日の法事をするので、村人と共に葬式を出した家に引き揚げ、泊まる。

私は墓地からひとりで提灯《ちょうちん》の明かりを頼りにして寺に帰ってくる。時計はいつも、深夜2時を回っている。母は常に私の帰りを待っていた。そしてしばらく寝て、学校へ行くのである。

中学・高校時代はこのような生活が続いた。テストがあるときには、なぜこのようなことをしなければならないのかと腹を立てながら夜道を歩いた。山村のことなので、タヌキとかキツネなどにまつわる恐ろしい話もある。風に竹が揺れてその音で背筋がゾッとしたことや、谷川の音に後ろを振り向きながら帰ったこともある。

しかし次第に、真夜中の道も恐ろしいとは思わなくなった。ホタルの明かりも季節を感じてきれいだ。父への反感はなかった。父の愛情は常に感じていたからである。

昭和33（1958）年、4月2日。父47歳。私16歳。私は、得度《とくど》して僧となった。幼名・進を、慈圓《じえん》と改名した。

父の心臓はいつものとおりである。父は外出時に、注射器を持って歩くようになった。激しい動悸が起こる発作時に、自分で注射をするためである。

寺から2時間ほどの山中に楠根地《くすねじ》という地区がある。そこで葬式が行われることになった。私は父の荷物を持って一緒に出かけた。学校も私のこのような行動を黙認していた。昼過ぎである。山道は険しい。その途中の道で、父が座り込んでしまった。発作である。注射器を出し、自分で注射をしたが、動けない。私もその場を離れることができず、一緒にいた。桑畑が続く登り道であった。2時間もいたであろうか。

坊さんが来ないということで、先方より迎えの人が捜しに来た。父はどうにかたどり着いて、座敷に上がったが、何もできず床柱《とこばしら》を背にして動かない。葬式に来た僧が葬式される様相になった。集まっている親類や地区の人たちも、この場をどうすることもできない。私は、わかる範囲で葬儀の用意をした。

しばらくして、父の目が開いて、位牌を取って戒名《かいみょう》を書き始めた。筆を持った手が静かに動いていた。私は、父に納衣《のうえ》を着せ、祭壇のほうへ父の向きを直して、葬儀が始まった。死者に戒《かい》を授ける父の声は、小さくはあったが、異様に大きく響いた。まがいものでない本物の僧がここにいる。私は父に恐ろしさを感じたものだ。

私の高等学校時代は、貧困のどん底であった。姉と同じ高校で、私たちは授業料をひと月交代で、遅れて持って行った。だから授業料未納の貼り紙にひと月交代で名前が出た。しかし当然のことと思っていたし、高校生活は楽しかった。檀家回りをしていた私は、高校に行けない人もいることを知っていた。

大学時代の私 ―限られた時間の中で―

大学進学のときがきた。２つの進路が考えられた。１つは、書道をしていた関係で、高校の先生のすすめで、大東文化大学へ行き、書道を学ぶことであった。先生は、寮とアルバイト先まで探し、進学をすすめてくれた。私も将来、手に職を持つために心が動いた。

そんなときに、山口二矢《おとや》という大東文化大学の聴講生が社会党委員長の浅沼稲次郎《あさぬまいねじろう》氏を殺傷するという事件が起きた。その関係で、私は高野山大学を選んだ。

父は、進学の方向についてはすべて私に任せるといった。だが授業料などの費用を心配し、種々の人に相談したうえで、寺の跡継ぎということで、授業料は檀家負担としたのである。当時は、田舎町で大学に進学する者はさほどいなかった。

私の大学時代にも、父は度々倒れた。しかし、その知らせは私にはなかった。母が連絡しようとすると「慈圓も高野山で頑張っているのだ。知らせるな」といって連絡させなかったという。

私は、大学に入っていろいろなことをした。何時父が倒れるかわからない、卒業できないかもしれない、寺に帰ってすぐ宗教活動をしなければならないかもしれない、と考えていたからである。ともかく必要なものから学んだ。声明《しょうみょう》・御詠歌《ごえいか》・お茶・お花・布教・書道などである。

3回生の夏休みのときのことである。講演部のクラブ活動で、四国遍路布教をしていた。徳島県での布教を終え高知県に入ると、「父タオレタ、スグカエレ」の電報が届いた。私は急行した。父は寝床の中であったが、意識ははっきりしていた。「父ちゃん大丈夫かァ」と私がいうと、「オー」と低い声で答えるだけだった。電報は母が打ったという。母は私に電報を打ったことで叱られた。

4日ほど寺にいて、私はまた講演部の諸氏を追って、高知県の足摺岬《あしずりみさき》で合流。伝道を続けた。

大学生活までの自分を振り返って、勉強ということを思うとき、与えられた限りある時間の中で私にとって勉強はどんなものだったのだろうか。

小・中学生のときは、勉強は学校でするもので、家に帰ると畑仕事が待っていた。高校生のときは、父のお供をして寺の手伝いもしたが、試験前には集中して徹夜で勉強した。大学生のときには、伝道活動を中心とした生活であったが、試験前の10日間は、一切のことを止めて勉強に集中した。

もちろん勉強には時間が必要である。時間はなければならないが、時間を十分与えられても、勉強が進むとは限らない。私が生活を通して得たのは、集中するということであった。

私は、「集中する」ということでは、やけに自信を持つこととなった。そして今1つは、常に行動しながら勉強するということである。この方針は、私の人生の指針となった。

がむしゃらな学びの中で学問と出合う

大学4回生になると、卒業論文を書かねばならない。私は試験前の10日間の勉強の方法ではなく、できるだけ多くの時間を論文にあてた。夏休みのバイトもやめて、時間を取った。つまり夏休みの間、ずっと高野山に籠もって徹底して論文に集中したのである。大山公淳《こうじゅん》先生が図書館の研究室を開放してくださったので、夏休みは寝袋を持ち込み、ほとんど図書館に泊まった。学生の無謀な行動であった。

今思えば、大学もよく見逃してくれたものである。ともかく卒業論文を書き上げた。先生方の指導による卒業論文のおかげで、私は学問というものに触れることができ、勉強が面白くなった。

そして卒業。大学院へ進むこととなるが、父はこれを許してくれた。とにかく学問に集中しようと考え、徹底して1日10時間以上は机の前に座っていたら、体がおかしくなった。この間の事情は省くが、突然腹が痛くなり、その痛さに閉口した。

ひとり暮らしが心細くなり、徳島に帰ろうと思った。母に迎えに来てもらい、大阪まで下山、そこで再び腹が痛くなり、ついに病院へ駆け込むと、結石とわかった。フェリーで徳島へ着き、また腹が痛くなり、徳島大学病院へ駆け込んだ。そうこうしながらどうにか郷里の実家へ帰った。

病名もわかり結石も尿と共に出たようであり、実家では腹痛もなくなった。そこで高野山へ帰山、運動することを考えた。弓道、空手、居合といろいろな運動を試みたが、合気道に落ち着いた。そして、大学に合気道部をつくった（結婚ののち、自坊・清涼院にも道場をつくった）。

日和田家の周辺では、昭和36（1961）年に上の姉が結婚、同39（1964）年に下の姉が、同42（1967）年に妹が結婚と続いた。妹の結婚は当初11月と決まったが、両親がいるうちにということで、5月に早められた。

この頃、父は胃の痛みを訴え出し、数回胃カメラを飲んで検査するなどしていた。胃が痛いので、次第に口もとがゆがみ、額にしわを寄せ、いつも茶の間で腰を折って座っていた。

母や私たちが、「お父ちゃん、痛いん」と聞くと、しわ顔のままで、「オゥ」と返事があるのみである。父がそばにいても、父との会話はほとんどなかった。

弟は、大阪で会社勤めをしていたが、「兄貴がどうするかわからんので、自分の方針も立たん」とよくいわれた。

父、入院を繰り返す

昭和45（1970）年9月、父59歳、私28歳。父が法事の帰りに自転車で倒れた。気がついてみると、田圃の中へ倒れていたそうだ。そのときに便意をもよおし、一緒に黒い血が下りたという。慌てて自転車をお越しかかりつけの三木病院まで走った。ハンドルは、斜めになったままであった。その後、父は病院から寺まで車で送られてきた。そして床に伏した状態となった。

私は、高野山から急いで帰省した。父は自力で横に向くこともできなかった。5日後、また黒い血が下りた。近所の人が集まり相談し戸板に乗せて県道まで、そこから車で同じ町内にある三木病院へと運び、入院した。このとき父の体重は35キロであった。

胃潰瘍《かいよう》か胃がんであるらしい。手術といっても体力がない。ともかく2か月程度、点滴を打って様子をみようということになった。だが1週間目の夜に腹膜炎《ふくまくえん》を起こした。辛抱強い父も痛さに我慢できないという。

三木病院長からは、このままにするか、手術をするかを相談された。私と母は手術をお願いした。父は三木病院から隣町の阿波《あわ》病院へ直送された。嫁いでいた姉たちには、喪服を持って帰るようにと電話をした。

次の日、手術が行われた。検査のあと、手術室へ入る父に、母はすがって泣いた。その母に向かって、父は「死ぬときは死ぬのだ、泣くな」といって手術室に消えた。姉、妹、弟も集まって、手術が終わるのを待った。「患者が貧血を起こした」といって看護師が走っている。父のことらしい。私たちは、覚悟した。

長い時間が過ぎた。手術室から父が運び出されてきた。父の顔を見ると、真っ赤であった。手術は成功したという。父は病室に移され、私たち親子は久しぶりに父の顔を囲んだ。

母が「お父ちゃん頑張ったなー」というと、父も興奮していたのか、「わしが死んだら、お前ら困るだろうが」と一喝してから、その後眠り続けた。私たちは呆気《あっけ》に取られたが、うれしかった。親としての父の責任感の強さが痛いほどわかった。「どこまで頑固なんや」といいながら、その後は、そばに寝ている父を見ながら皆々、話が弾んだ。ただただうれしかった。手術で切り取った胃を見た。胃には細胞が固まり、穴が開いていた。胃がんではなく胃潰瘍であった。

阿波病院で2か月ほど入院ののち、三木病院に移り入院、1年ほど療養した。この間、私は土曜日に高野山から帰り、日曜日に仏事をして、月曜日に帰山するという生活を送っていた。同時に徳島の寺と高野山との両方の生活を続けていくことは、無理であると感じていた。寺で生まれた者は、寺を出ることができない。だが、私は高野山に住むことを選んだ。大阪で働いていた弟は会社を辞め、高野山の修行道場に入り1年間修行、寺に帰り、兼業で町役場に勤めることとなった。

私が寺を出ることは、檀家の間でも家族の間でも、賛否両論があった。しかしこの件では十年余り、常に学問の指導をしていただいている松長有慶《まつながゆうけい》先生のお骨折りがあり、私も学問への道が開かれた。

弟は昭和48（1973）年11月に結婚した。私は同49（1974）年4月に高野山大学に奉職、その年12月に結婚した。父は、「これが最後だ」といって高野山へ登ってきてくれ、結婚式に参列した。結婚式の戒師《かいし》は、蓮華定院《れんげじょういん》の添田隆俊《そえだりゅうしゅん》前官様であった。父は、かつての青春時代の師である添田前官様の前で、何十年かのご無沙汰を詫び、平伏した。小さな父が、ますます小さく見えた。

私には、新しい父ができた。言葉は歯切れよく、恰幅《かっぷく》があり筋肉質で、活動家である。徳島の父とはまったく違ったタイプの僧である。病弱の父と共に生きてきた私は、この僧に魅《ひ》かれた。私は、学問ができる環境であるということで、反対する者を制して結婚した。

今までとは、まったく違った生活が始まった。新しい師僧と私は、僧侶としての生き方についても落差が大きく、困惑することしばしば、時々衝突した。妻は、師僧のひとり娘であった。妻も父と私が違ったタイプの僧であることに困惑していたが、次第に私の生き方に従ってくれることとなる。

昭和55（1980）年、父69歳、私38歳。父は数年前より時々血が下りていた。病院の検査では、胃からではなく、腸から血が出ているという。これがひどくなって入院。今度は徳島市の中央病院で手術をすることとなった。母も私たちも、まあよく病気をつくる人だと呆れた。しかし以前のような悲壮感はなかった。腸は切られ、手術後もポリープを残しているとの説明を受けたが、そのままにした。これもがんではなく、良性の潰瘍《かいよう》であったのだろう。こののち8年も生きたのであるから。

僧としての生き方

以上のような人生の中で、父は薬瓶を片手に持ちながら、小さな山寺の本堂、庫裡《くり》、山門を順次建立した。

父75歳。父はすべての仏事から手を引いた。法事、葬式にも一切出ず、何もしなくなった。母が「体の調子がいいときには、法事に行ったらいいのに」というと、「わしが行くと、慈泉《じせん》（弟）が頼る」といって頑として何もしない。寺の事務、経営なども放棄した。「住職権も放棄するから、慈泉にやれ」といった。弟のほうも親父一代は、最後まで住職でいてもらおう、ということでこの件は本山への手続をしなかった。

今から思うと、住職変更の申請もしておくべきであったと考える。それは、父が自分の生命の終焉を思うとき、僧侶としての人生美学に住職権というとらわれは、むしろ邪魔であったと思うからだ。

昭和63（1988）年、父77歳。ただ生きているだけで、まったく会話のない父だが、正月に檀家総代の山本さんが挨拶に来たとき、にこにこしながら、「わしが死んだら檀家葬にしてくだされ」と、茶の間で自分の葬儀の段取りを語った。山本さんは、「ご住職さんのおっしゃるとおりにしますよ」という会話をした。

2月に入ると、父は貯金の整理を始めた。貯金といっても高額というわけではないが、銀行の人を呼んだり、細かく1つひとつを整理したりしていた。母のいうところでは、思い違いや、計算の桁を間違えたりしていたという。この頃、父は人前に出ることを躊躇《ちゅうちょ》したり、恥ずかしがったりして、子供のような態度をとっていたそうだ。だが貯金やそのほかのことを含めて、母と私たち5人の子供に、財産分与の一覧表をつくっていた。それも新聞の折り込み広告の裏に書いてあった。

父、逝く

3月14日、父が念願にしていた山門ができあがった。小さな山門であるが、このほうが山寺には相応しい。腰が曲がってしまった父は、夕方庭に出てこの山門を眺めていた。母が椅子を持っていくと、椅子に座して、この山門を見つめていた。たまたま、母がこの父の姿を撮った写真が残っている。本堂の中も解体補充をしており、大工さんがまだトントンと作業をしていた。その仕事も今日で終わりである。「寒いから、はいんない」と母がいって、父は家に入り茶の間に座った。夕食をとり、風呂に入って寝た。最近は、病弱な父の心配もあり、母は父と同じ部屋で寝ていた。

その翌日、３月15日。７時、母起床して台所へ。いつも７時に起きる父が起きてこない。母は父を見に行くと、布団を口のところまで掛け、普段と変わりなく寝ている。母は父のベッドの肩のところに手を入れる。温かいぬくもりである。母は、「まあ、どしたん、疲れたんやな、今日はよう寝とう」と思って、茶の間へ。

慈泉夫婦も起きてきて朝食。８時になる。父起きてこず。母が父のベッドへ行くと、身体は温かいが、どうも頭が冷たい。母驚いて慈泉を呼ぶ。どうもおかしい。「死んどん違うか？」ということになり、病院へ連絡。かかりつけの医者が駆けつける。すでに父は死んでいた。死亡時刻午前４時。

気がつくといつも上向きに寝ている父は、右肩を下にして横を向き、足をそろえて寝ていた。ベッドの横に据えてある便器には、用を足してあった。父は４時前に起き、用を足して下着を着替えて、お釈迦さまの涅槃《ねはん》の姿そのままに、右脇を下にして寝たようだ。午前４時といえば、空気が一番清《す》み、蓮《はす》の花が開くという。そして３月15日、これは父が生まれた日である。

急報を受けた私は、高野山より駆けつけた。父はベッドで静かに寝ていた。病弱ないつもの父の寝姿とまったく変わりなかった。その顔は、何の屈託もなく清らかであった。ただ頭は冷たく、胸の前で合わせた手の指も固く冷たかったが、まだ動いた。私は父に向かって、心より「お父ちゃん、長い間、ご苦労様でした。兄弟姉妹皆々仲ようしていくけん」といった。

父の体は、すでに十数年前に身体としては滅んでいた。私は、この父に接して、精神の強さが、肉体に勝つことを信じるようになった。「親としての責任感による、生への執念と坊主根性」、これは、父が私に残してくれた、ありがたい遺産である。人間が生きるとは、どういうことであるのか。僧侶として生きるとは何であるのか。寒村の山寺の無名の僧侶でも、このように生きた僧侶がいるということを書き留めるのは、今は私しかいない。

生きている私に大きく影響している、父の死

私は、ここに父のことを書いた。もちろん私との関係においてである。私の青春時代は戦後であり、誰もが貧しかった。だが本当に貧しかったのだろうか。確かに生活は貧しかった。そのためでもあろうか、兄弟姉妹は、皆助け合って生きてきた。母は105歳まで病気知らず、元気であった。2022年8月23日、106歳で永眠した。

兄弟姉妹5人も皆元気であり、お互いの気持ちもよくわかる。上の姉は小さいときから、妹、弟の面倒をよく見てくれた。その気持ちはありがたく、心に染みついている。だから今も上の姉は、我々が奉《たてまつ》る「ボス」である。だが一番健康で病気知らずの妹に癌が見つか

り、２０２２年2月28日突然永眠した。

私には、息子が３人いる。子育てで私が気を遣ったのは、子供にひとり部屋をつくらなかったことだ。親と子供の間、また子供同士の間で壁をつくるのはよくない。小さいときから子供部屋に籠もると、まず会話がない。そして、ひとりでのスマホかパソコンゲーム、これでは友達とのつき合いができない。親の目が届かない。個人部屋で子供が勉強に熱中するはずがない。

大学に進学すると、そこにはワンルームマンションが待っている。そして携帯電話である。電車の中で学生を見ているとわかるであろう。友達がそばにいるのに、会話をしない。他の誰かとメールで話している。だから自分を言葉で主張するのが苦手な若者がいかに多いことか。

私も大学を退職、のち高野山の宝物《ほうもつ》を預かる「霊宝館《れいほうかん》」の館長を7年間務めた。ついで高野山内の僧侶の最高位である「法印」となり、弘法大師空海の御名代を務めさせていただいたのち「前官《ぜんがん》」となった。前官とは、隠居となったということである。「諸役御免」ということで、山内の年中行事の儀式にも出なくてよい。若者との溝がますます深まっていくのを感じている。

それでは、最初の問いに戻ろう。「生きる」ということは、どのようなことなのであろうか。父は父なりに生き、私は私なりに生きている。そして私の子供もまた、彼らなりに生きていくことだろう。私は、もし魔法使いが私を10歳~20歳若くしてやろうといっても、それはいらない。悔いなく生きてきたからである。

「死」とは何か。私は、父の死に出合った。父の死は、生きている私に、大きく影響している。見事に生き、見事に死んだ。これ以上、父に求めるものはない。父の如く私も死ねるであろうか、と考えている。そしてその結論は「見事に生きることだ」と思っている。

私の命は、悠久の遥か彼方から、遺伝子の継承性の中で父母の間に自分が誕生した。そして自分の命も自分にとどまらず、子供を通してずっと先に至るまで継承されていく。私の死はその流れの中にあるだけだ。

父の時代と私の時代、そして子供の時代は、同じ日本列島であっても、やはり違う。現在の経済大国日本は、確かに物質的には裕福である。だが、私たちの子供の時代と比較して、本当の意味で幸福であるといえるのだろうか。満ち足りた満足があるのだろうか。

「生きる」ということ、これはやはりどの時代においても、結論のない永遠の課題だといえよう。そして自分の生涯の生き方を「選ぶ」「選ばれる」のに関係なく、現代という日本列島に、私たちは生きている。

第2章　死とは何か

――現代の死「脳死」「安楽死」「尊厳死」を考える

仏教絵図に残る日本人の「死生観」と医学的に判断する死の「三徴候」

私の誕生と死は、「家族を始めとする親しい人が、２人称の立場から」、また「３人称の方々から一般論として」語ることができる。「私」が１人称の自分の生・死は語れないのである。誰ひとりとして自分の死を経験したことがない。極楽世界に行き、帰ってきた人はいない。

空海は『秘蔵宝鑰《ひぞうほうやく》』において、「生《うま》れ生れ生れ生れて、生《せい》の始めに暗《くら》く。死に死に死に死んで、死の終《おわ》りに冥《く》らし」と、生死の不可解を書いているが、まことにその意味が理解できるようにも思う。

本書の大テーマ「人間の救いを見出す」に、生・死の問題は、避けては通れない。したがって、次に私の理解する範囲で、生・死に触れていきたい。問題なのは何か。この章では「死」について考えていきたい。

人が土に還るまでの九段階を表す「九想詩」

生まれた者は必ず死ぬ。当たり前のこの現実を、人間はどう考え生きてきたのだろうか。

思うに、「私」は「私」の死がわからない。自分の死を、一人称で「私が死んだ」とは語れない。

意識がなく目が覚めないのを「死」といってよかろう。私自身は毎日「意識」をなくしている。それが睡眠であると思うが、夜寝ても明日になれば目が覚めることに不思議は感じない。寝覚めず息がなく、医師が来て「ご臨終です」といわれれば死だろう。

「死」には、人類と同等だけの長い歴史がある。日本の歴史において、我々が抱いてきた死の概念はどのような意味づけがなされていたのだろう。

仏教絵図の「九相図《くそうず》」は、日本人の死生観をよく表していると思う。屋外にうち捨てられた死体が朽ちていく経過を九段階に分けて描いたものである。多くは「九相詩絵巻」として描かれる。

絶世の美女（小野小町《おののこまち》が多い）の生前の絵から、死んだ直後の絵、それがだんだん腐敗していき骨となり、ついには土に還《かえ》るまでを描いた九枚の絵である。画の多くは鎌倉時代から江戸時代にかけて描かれている。

死体の変貌の様子を見て観想することを「九想観《くそうかん》」という。

肉体に対する執着・情念を除くため、ことさら死骸の見苦しい九種の想を思い、迷いを断つための不浄観である。

空海の「九想詩」

空海にも「九想詩」がある。『大智度論《だいちどろん》』、『摩訶止観《まかしかん》』などを参考にしている。今は、これを紹介しておこう。漢字580字からなっている。5字を一句として重ねていった詩であり大作である。ここでは要旨だけを見ておく。

第一　新死《しんし》の相

死後の年の長きに比べれば、人の命は誠に短い。恰《あたか》も浮蝣《かげろう》の如きものだ。霞《かすみ》の如く頼りなく、無常である。ただ嘆《なげ》きを想うのみである。

第二　肪脹《ぼうちょう》の相

ただ一箇の屍《しかばね》の横たわるのを見る。その屍は、裸で松下に横たわり、乱髪が肩にかかり、長夜《ちょうや》野ざらしのままである。

第三　青瘀《しょうお》の相

生前の悪業によって地獄に堕《お》ち、獄卒《ごくそつ》の責めが果てしなく続くありさまである。生前の満月の如き円満なる顔色も失せ去り、自ら廃壊《はいかい》している。日時の経過するにつれて腐爛《ふらん》する。美しい体がかくのごとく醜《みにく》くなるのかと思うと悲しくなるのみである。

第四　方塵《ほうじん》の相

体は毒蛇に似て、日時が経過するにつれて青黒く変化していく。むくみを生じ、膨《ふく》らんでよどみが溜まり、瘀《お》みただれる莠《はぐさ》の如くなる。体より流れ出る膿汁《のうじゅう》が、あたり一面に散乱して奥穢《おうあい》を極めている。猛獣は死肉を貪《むさぼ》っている。

第五　方乱《ほうらん》の相

寿命の短く迅速に消え去ること、飛ぶ箭《や》の如し。恰も朝露《ちょうろ》の如し。体は敗腐し、臭気が風にしたがって遠くまで悪臭をもたらす。誠に哀れなり。悲嘆するも云何《いかん》ともなすこと能《あた》わず。

第六　鏁骨猶連《さこつゆうれん》の相

人の命は電光の如く短いものであり、あわただしいものである。肉体つきて白骨となって横たわり、未だ分散せずに残っている。云何ともなすことなし。逝きし人は永久に帰らず。

第七　白骨連《はっこつれん》の相

もの静かで人もなく、風雲に曝《さら》されて朽ちるに任せ、年数がたつと白くなり、遂に腐敗する。

第八　白骨離《はっこつり》の相

五体の骨々が離散して、四方に散乱する。塵土《じんど》に交わり、その骨もなくなる。なくなること夢の虚しきに等しい。
第九　成灰《じょうはい》の相
山川国土の生命は、長くして万世に亘《わた》りて滅せず。人間の命は、短くして百年である。百年の寿命が過ぎると、死して体も臂《ひじ》も膝もみな悉《ことごと》く腐敗して滅する。生前悪業に耽《ふけ》っていたから、恐らく神魂《しんこん》は地獄に居て、墳墓の中に入ることもできない。死して地獄に行くよりは、碑の表に聊《いささ》か名を刻みたいものだ。

「三徴候」による死 ―医学的な死とは―

さて、現代の死に移ろう。まず「私」が自分の死を経験することはあり得ない。「私」が生きているときは死はない。「私」に死のあるときは「私」はいない。「私」自身が、自分の死を決定することはできない。多くの人は、医学的な死亡診断を二人称・三人称の人に託すのである。

現代の死は、医学的観点から見て「三徴候《さんちょうこう》」によって確認されている。「呼吸停止」と「心臓拍動停止」と「脳機能停止」（瞳孔散大と対光反射の消失）の3つである。肺、心臓、脳という3つの主要臓器の機能を喪失するのが死である。私たちは、医師の確認により「ご臨終です」といわれて死を受けとめる。この方法は、明治時代以降のことらしい。

〔『九相図巻』（鎌倉時代14世紀の作）〕

◆第七相「噉食相《たんじきそう》」

この九相図は、「一、新死相《しんしそう》」「二、膨張相《ぼうちょうそう》」「三、血塗相《けちずそう》」「四、肪乱相《ぼうらんそう》」「五、肪乱相（四と同様）」「六、青瘀相《しょうおそう》」「七、噉食相《たんじきそう》」「八、骨連相《こつれんそう》」「九、骨散相《こつさんそう》」で構成されている。

（所蔵／九州国立博物館）

「脳死」という死

平成9（1997）年10月に「臓器の移植に関する法律」が施行された。この法律の施行と共に、死の確定に変化が起きた。「脳死」という死の新たな判定ができたのである。「臓器の移植に関する法律」は、臓器の機能が低下し他の治療法がない患者に対し、死体（脳死した者の身体を含む）から臓器を摘出して行う「移植術」に必要な事項を規定したものである。

この法律により、脳死した者が生前に「臓器提供の意思」を書面によって表示していた場合（なおかつ遺族がこれを拒まない、または遺族がいないとき）、脳機能の喪失から間もないときに、人工呼吸器等の生命維持装置をつけることで、脳機能の停止にもかかわらず心臓、肺などの臓器の機能を一定期間維持することが可能になった。

「臓器の移植に関する法律」の施行以降、臓器提供を呼びかけるキャンペーンも国民の中で盛んになっていった。各個人に「自分は臓器を提供するかどうか」の賛否を表す「意思表示カード」の所持が呼びかけられた。それでもこの問題は、日本国民には根付かなかったといえる。

これについて、仏教の各宗団も動き出した。どの宗団も講演・講義が盛んになり「脳死」

の問題に取り組んだ。主たる内容は、「仏教における慈悲の問題、布施《ふせ》の倫理観、個人が脳死とどうかかわるか」といった問題であった。

教団がかかわった主たる問題は、「心」の置き方であった。

「慈悲」とは何か。仏がすべての衆生に対し、生死輪廻《りんね》の苦から解脱《げだつ》させようとする憐みの心である。「慈」とは、他者に安楽を与える（与楽《よらく》）いつくしみの心である。「悲」とは、他者の苦に同情し、これを取り除く（抜苦《ばつく》）思いやりである。この慈悲の心と、脳死はいかなる関係性を持つのであろうか。

「布施」とは何か。出世修行者、貧窮者などに財物などを施し与えることである。衣・食などの物資を与える（財施《ざいせ》）、仏教の教えを説き与える（法施《ほっせ》）、怖れを取り除く（無畏施《むいせ》）を「三施」という。

布施で大事なのは、「三輪清浄《さんりんしょうじょう》」ということである。三輪とは、布施を施す人と、布施をいただく人と、布施物（渡すもの）の３つが清浄であることである。臓器移植との関係でいえば、臓器を与える人と、臓器をいただく人と、臓器そのものが清浄であるということである。

個人が臓器移植とどうかかわるかの問題は賛否両論が多くあったと記憶する。臓器移植では、布施の問題が一番多く論議された。つまり脳死を是として臓器を布施するかどうかの問題である。

布施について、仏教ですぐ問題にされるのは、法隆寺が所蔵する飛鳥時代の厨子「玉虫《たまむし》厨子《のずし》」に描かれる「捨身飼虎《しゃしんしこ》」の図である。

昔、薩埵太子《さったたいし》という王子が、飢えた虎を救おうと、絶壁によじのぼって、身を投げて虎に与え、その母虎の飢えを満たし、虎の子の命を救った。この物語は、ブッダがこの世に生まれる前に、菩薩として修行をしていたときの物語として伝えられてきた「ジャータカ」の1つである。

この物語は、大乗仏教でいう利他行《りたぎょう》として、いつも語られる話である。したがって僧侶である我々の心を強く打つ。これが臓器移植と結びつき、意思表示カードに署名し、持ち歩く僧も出たのである。

脳死の問題は仏教的には難しい。「人間の尊厳」を説く仏教からすれば、臓器提供を呼びかける人、また臓器摘出にかかわる人は、生きている臓器を人間から取り出すとの苦しみはないのか。また臓器を受容する者が、他者の生命を犠牲にしてまでも自己の生存を願うことへの苦しみ（喜びかもしれない）を感じないのか、との問題も起こりうる。

つまり人間に欲望や煩悩があるために「臓器移植」が起こっているといえよう。臓器提供の臓器は、交通事故などによって突然死した新しい臓器、それも年齢が若い者ほどいいという。両者共にあさましい煩悩の葛藤もあろう。医学的な死の判定か、生物学的な死の判定か、法律上の死の判定か、宗教的な死の判定かの問題といえようか。

人間は、自分の死の瞬間は理解できないが、死の瞬間までの演出は考えることはできる。すると、次のようなことが考えられよう。

「安楽死」を考える

「安楽死」、「尊厳死」という言葉をよく聞く。

まず安楽死とは、どのようなことをいうのか考えていこう。

安楽死には、法制化された定義はない。多くの関連する資料から推察するに、次のような内容が適切であろうか。安楽死とは、末期がんなど「不治」かつ「末期」で「耐えがたい苦痛」を伴う患者の求めに応じ、医師などが積極的あるいは消極的手段によって死に至らしめること、となる。

確かに「死期が迫っている末期患者の耐えがたい苦痛」とはよく聞く。その緩和・除去はどうすればよいのであろうか。がん患者と共に現場に立ち会う家族も悲痛であろうが、医師も悩むところである。医師が意図的にかかわる行為といえるので、現代の解釈では、これは殺人罪となる。

安楽死の言葉も60年前にはなかった。日本における安楽死が問題となったその初めは、昭和37（1962）年の名古屋高等裁判所「山内判決」であろう。病気で苦しんでいる父親を息子が毒殺した事件である。この事件では、6つの要件を満たさない場合は違法行為となるとされる（違法性阻却条件）とされ、判決のさいに6つの要件が列挙された。これは世界初の「安楽死容認の要件の提示」として、世界中に影響を与えたといわれる。要約すれば次の如くである。

〔積極的安楽死の違法性阻却条件の6要件〔名古屋高等裁判所の判例、第496号。昭和37年〕〕

（1）回復の見込みがない病気の終末期で死期の直前である。
（2）患者の心身に著しい苦痛・耐えがたい苦痛がある。
（3）患者の心身の苦痛からの解放が目的である。
（4）患者からの委託と承諾を得ること。患者の意識が明瞭・意思表示能力があり、自発的意思で安楽死を要求している。
（5）医師が行う。
（6）倫理的にも妥当な方法である。

その後、安楽死の問題は、死に対する自己決定権（自分の死を選ぶ権利）の問題として慎重に検討を重ねていったようである。

現在、その解釈は極めて多義に用いられている。多くの分類法が考えられているが、大別すれば、「積極的安楽死」と「消極的安楽死」と「間接的安楽死」に分類されると思われる。

積極的安楽死とは、医師が患者本人または家族の要請を受けて、意図的積極的行為をもって、患者の生命が必ず死ぬことを目指して、注射をしたり薬剤を与えたりして働きかける行い。

消極的安楽死とは、自分の行為により、この死の進行を遅らせたり留めたりすることができるにもかかわらず、行為を行わず、死に至らしめる行い。

間接的安楽死とは、苦痛の緩和と延命を充分考えたうえで、自己の意図的行為が、結果として死期を早めることがわかっているのに、薬剤の投与などによって、死に至らしめる行い。分類の資料としては宮川俊行《みやがわとしゆき》著『安楽死の論理と倫理』（東京大学出版会）に詳しい。

安楽死の問題は、平成３（１９９１）年の「東海大学付属病院事件」で再びクローズアップされる。４月、東海大学付属病院で58歳の男性が死亡した。男性は、治療法はまだないといわれる「多発性骨髄腫《こつずいしゅ》」という血液がんに冒されていた。医師は患者の家族からの強い要請により、看護師に治療の中止を指示した。患者の意識がなくなってからも、家族は患者の苦痛を見るに堪えかねて医師に再三患者を楽にしてくれるよう要請した。医師は要請を断りきれず、塩化カリウムを患者に注入、患者は死亡した。

横浜地検は翌（1992）年7月、医師を殺人罪で起訴した。理由は、昭和37（1962）年に名古屋高裁の示した安楽死の6つの条件の4番目の「本人の委託と承諾が得られていない」からである。そして平成7（1995）年3月、懲役2年執行猶予2年の有罪とした。

同年4月判決の主文に続けて横浜地裁は、安楽死が容認される4つの要件を示した。

①患者に耐えがたい肉体的苦痛がある。
②患者の死が避けられず、死期が迫っている。
③患者の肉体的苦痛を緩和する方法を尽くすも、他に代替手段がない。
④患者本人の意思が明確である。

医学では治る見込みがなく、死が迫ってきた者への対処は難しい。

医師としてそれはどうか、家族においてそれはどうか、患者本人としてどうかは、なお結論は出ない。

次に、尊厳死を考えてみよう。

「尊厳死」を考える

人は死ぬ。死なない者はいない。死は、生きている者に平等に与えられたものである。だから死者は、葬儀という形を用いて縁ある人に惜しまれながら去っていく。誰もが死者に敬意を払って葬儀に参加するのである。

日本社会では、罪により村を追われた者であっても、葬儀だけは別であった。すべて人の死は、尊厳死であるはずである。

私が若いときには、尊厳死と呼ばれる死に方はなかった。尊厳死という言葉が使われるようになったのは最近である。そこで「尊厳死とは何か」については、改めて問う必要があろう。

尊厳死とは、「人間が人間としての尊厳を保って死に臨むことである」といえよう。死者の苦痛とのかかわりにおいて、この言葉が使用されるようになったといえる。医療の発展から、延命治療により人の命を長らえることができるようになった。そのような現実の中で、尊厳死の言葉がどこから出てきたかを探ると、「カレン事件」にたどり着く。

１９７５年、アメリカで21歳のカレン・アン・クインランという女性が、睡眠剤とアルコール飲酒で呼吸停止状態となった。意識消失のままで人工呼吸器をつけ３か月が過ぎた。

養父母は「このままの状態でいるより、楽にしてやりたい」と主張した。

医師団はこれに反対した。両者の間で裁判となった。そして州最高裁の判決が出て、翌1976年人工呼吸器がはずされたが、手厚い看護を受けて植物状態のまま9年余生き続けた。これが尊厳死の最初の事例となった。

日本では、尊厳死としての公的な事例は見なれない。尊厳死そのものが、法制化されていないのである。故・井形昭弘《いがたあきひろ》医師は、その先駆者である。

平成20（2008）年12月、厚生労働省は町野朔《まちのさく》座長など20人の委員による「終末期医療のあり方に関する懇談会」に、井形医師を日本尊厳死協会理事長として招き、意見を聞いた。井形理事長は「日本尊厳死協会からの要望」として尊厳死法制化を強調された。これにあわせて関係する5団体からも意見を聞いた。日本ALS協会、NPO法人千葉、在宅ケア市民ネットワークピュア、日本歯科医師会、日本薬剤師会とある。宗教関係はない。死の問題で宗教関係が参加していないのは、日本の歴史から見ても不思議に思うところである。

尊厳死とは、自分が不治の病で治る見込みがなく、死期が迫っていると判断される、そのとき延命処置を拒否する、ということであろう。そして死期が早まる結果になっても、モルヒネなどの痛み止めは最大限に使用し、苦痛を取り除くことも要請できるのだそうだ。

誰が尊厳死を決めるのか。それは本人である。だから死の前に本人が尊厳死を主張する「事前指定書　リビング・ウイル」という文章による生前の意思表示を医師に依頼しておく。延命治療をしないでほしいという意思表示である。この「事前指定書」は、取りやめもできれば、書き換えもできるのである。

尊厳死の問題は、自己決定権といえる「事前指定書」につきるといえるので、そのサンプルを示しておく。何通かをつくり、家族、医師など、信頼のできる者に、意志を伝えておくとよいという。作例は、ネットに多くの事例が出ている（次は一例）。

〔尊厳死宣言書の例〕

尊厳死宣言書（例）

私○○○○は、私の傷病が不治であり、かつ自らの死期が迫っている場合に備えて、私の家族及び私の医療に携わっている方々に以下の要望を宣言します。

1、私の傷病が不治であり、すでに死期が迫っていると、担当医を含む2名以上の医師により診断された場合には、人間としての尊厳を失うことなく、安らかな死を迎えることができるように、死期を延ばすためだけの延命処置は一切行わないでください。

2、苦痛を和らげるための処置は、最大限に施してくださ い。そのために、麻薬などの副作用により死亡時期が早まったとしてもかまいません。

この宣言は、私の精神が健全な状態にあるときにしたものであります。したがって、私の精神が健全な状態にあるときに私自身が撤回しない限り、その効力が持続するものとします。

また、この証書の作成にあたっては、あらかじめ私の家族である次の者の了解を得ております。

妻　○○○○　昭和　年　月　日生　印

長男　○○○○　昭和　年　月　日生　印

長女　○○○○　昭和　年　月　日生　印

私のこの宣言による要望を忠実に果たしてくださる方々に深く感謝申し上げます。そして、その方々が私の要望に従ってされた行為の一切の責任は、私自身にあります。警察、検察の関係者の皆様におかれましては、私の家族や医師が私の意思に沿った行為を執ったことにより、これらの方々に対する犯罪捜査や訴追の対象とすることのないよう特にお願いします。

令和　年　月　日

○○○○（昭和　年　月　日生）　印

医学・医療の発展で、人の死に対する考えも変わってきた。50年前は、多くの人が自宅で死を迎えた。今から40年ほど前から病院・施設で死亡する者が多くなったという。高齢化社会となったことも影響しているのだろう。また核家族の影響もあろう。だから「尊厳死宣言書」も必要となった時代が来た、ともいえるのだろう。

尊厳死は、末期がん患者など、治癒の見込みのない現場から出てきたといえる。人生の最後に、身体的苦痛や精神的苦痛を軽減することによって、人生の質を問いたいとの希望であり、これを「クオリティ・オブ・ライフ（Quality of Life　QOL）」といっている。その尊厳を保ちつつ最期のときを過ごすための医療が「終末期医療（ターミナルケア terminal care）」である。

自分がどのような死を迎えるかは、誰にもわからない。自然な死は、それなりの対処ができるが、不慮の死に立ち会ったときには、当惑するだろう。医師に「延命処置をどうしますか」といわれれば、普通は「お願いします」ということになろう。そこで延命処置が始まる、ということになる。人工呼吸器をつけるかつけないかという段階、即座の判断をしなければならない状況下で、尊厳死が問われることとなろう。

私ら夫婦も、どのような死を迎えるかはわからない。医師をしている長男からは「尊厳死宣言書」の内容を、お互いのために書いておくようにといわれている。私は書いている。

これからの日本は老人大国である。したがって死者も多くなる。老人の多くは「自宅での死を希望している」との報道が増えた。果たしてそうであろうか。老後の問題は、核家族世帯が大半である日本では多くの問題をかかえている。マンションで死ぬと棺桶はエレベーターには乗らない。

尊厳死という死のあり方は、必ずしも認知される方向ではない。日本尊厳死協会では、自分は尊厳死を選択したいという「尊厳死宣言書」を書くことで、尊厳死を宣言した人たちの会である。したがってこの趣旨に反対の主張もある。尊厳死の法制化に反対する会、人工呼吸器をつけた子の親の会（バクバクの会）などがある。「死ぬ権利」「生きる権利」の問題は、本人とその人をとりまく周りの人たちをも含めて、常に問われねばならない現代の課題であるといっておきたい。

「自殺」（自死）を考える

私が若い頃には、どの家も大家族で一緒に食事をしていた。嫁に行けば姑からの虐待がある話は、よく聞いた。嫁が家の中で落ち着く場所（部屋）もない。その中で嫁は、ひらき直って強くなっていったように思う。辛抱して家族の一員になっていったのである。

子供も子供部屋などない。ひとつ屋根の下の者は、皆家族で会話があった。そのような時代の中で、嫁をもらうには、嫁がひとりになれる部屋を考えるようになった。

次いで、高度成長期となり、核家族化して大家族の生活がなくなり、どの家にも子供部屋をつくり、親子の会話も少なくなった。そして個人が孤独化していった。私の周囲では、自殺という言葉は特別な意味があり、その回数は稀であった。誰が聞いても自殺が意味する内容には、もっともな原因があった。しかし最近ではもっともな原因とは思いづらい自殺に変わってきた。

今ここでは、死という項目の中に、自殺という項目を出しておく必要があろう。自殺を考えるについて、日本の自殺の実態把握は厚生労働省と警察庁に頼るしかないようなので、それを資料として眺めた。すると現代において自殺を問うとき、その問題は平成10（１９９８）年にあった。自殺者数は平成10年に急増しているのである。

警視庁発表では、平成9（1997）年は2万4391人、平成10（1998）年は3万2863人、平成11（1999）年は3万3048人となっている。この状態が高止まりのまま推移しているのである。自殺未遂者は、この10倍以上いるというから、もはや現代の大惨事である。

自殺者の特徴としては、7割以上が男性であり、45～64歳の中高年層で4割を占めていた。自殺者はバブル崩壊後の不況に上がりだし1998年に跳ね上がっているのである。自殺と経済は密接なつながりがあり、失業者が増えると自殺が増えていることが理解できる。

平成22（2010）年から落ち込んでいたDTP（国内総生産）が持ち直してくると、自殺が減りだしている。自殺が増加傾向にある中での政府の対応を見てみたい。

平成18（2006）年に議員立法で「自殺対策基本法」を設定・施行。同法では、基本理念、国・地方公共団体等の責務、基本的施策、自殺総合対策会議の設置などを定めている。また平成19（2007）年6月、「自殺対策基本法」に基づき、推進すべき自殺対策の指針である「自殺総合対策大綱」を決定し、社会的な取り組みにより自殺は防ぐことができるということを明確に打ち出した。そして自殺を予防するための当面の重点施策として、9項目の重点施策を講じ、詳細に論じた。

しかるになお加速化する自殺対策として、自殺対策加速化プランの決定、自殺総合対策大綱の一部改正（平成20年8月）と、自殺対策を強力に推進している。これによって過去より自殺が減っていったことは確かである。

次に掲げるのは、現在の「自殺総合対策における当面の重点施策」である。

〔第4　自殺総合対策における当面の重点施策（厚生労働省平成29年7月の閣議決定）。〕

（1）地域レベルの実践的な取組への支援を強化す
（2）国民一人ひとりの気づきと見守りを促す
（3）自殺総合対策の推進に資する調査研究等を推進する
（4）自殺対策に係わる人材の確保、養成及び資質の向上を図る
（5）心の健康を支援する環境の整備と心の健康づくりを推進する
（6）適切な精神保健医療福祉サービスを受けられるようにする
（7）社会全体の自殺リスクを低下させる
（8）自殺未遂者の再度の自殺企図を防ぐ
（9）遺された人への支援を充実する
（10）民間団体との連携を強化する

（11）子供・若者の自殺対策を更に推進する
（12）勤務問題による自殺対策を更に推進する

自殺問題には寺院もＮＰＯ法人も多くの組織がかかわっている。若干の組織を列挙しておきたい。

ＮＰＯ法人自殺防止ネットワーク・風では、50ほどの寺が相談所として電話番号を公表している。また自殺対策に取り組む僧侶の会は、関東を中心に活動しており、手紙での相談に答えている。また、ＮＨＫをやめて自殺問題に取り組むためのＮＰＯ法人を設立した清水康之《しみずやすゆき》氏の自殺対策支援センター　ライフリンクのように活動している方もおられる。自死遺族の会などもある。なお最近、「自殺」の「殺」の字が与える印象への感じ方から、同一の現象を「自殺」ではなく「自死」と呼ぶ場合もある。

以上、「自殺」を一般的にまとめてみた。自殺はあくまで個人の選択としての位置づけとは言えない、社会とのかかわりもある、とだけはいえよう。とはいうものの個人が自分の病気などで心が折れる場合もある。何れにしてもこの章は曖昧な結論となった。

この章では死について考えようとした。そのために死の現場を捉えておきたいと考えた。考察をしていくと、死の問題も医療の問題となり、人間が死んだという目の前の事象のみを死として私たちは受け取っていることが理解できた。つまり死の生死観の歴史や哲学、倫理などはさほど問題にしない現代日本人に気がついた。

特に「死」の問題であるのに、宗教が出てこない、仏教の死生観が問題とされていない、仏教寺院が問われていない、僧侶の動きが問われていない、ということだろう。

生きている人間は、いずれは死が訪れる。私も年齢としては死のほうに近づいている。ともかく、生きているうちは悔いなく生きてみよう、と思う。

親しい者の旅立ちを見送る「葬送儀礼」

戒名とは

人間が死ぬ、とは当然のこと。そして人間が死ぬと葬儀を行う。親しい者がこの世からあの世へ旅立つ儀式である。死者には、この世の名前とは別にあの世の名前「戒名《かいみょう》」を授ける。あの世に行った死者の名刺と考えたらどうだろうか。戒名とは何か。

我々は貴乃花、朝青龍という力士を知っている。相撲取りである。本名が、花田光司とかドルゴルスレン・ダグワドルジとかは知らない。小説家としては、夏目漱石（本名・夏目金之助）、森鷗外（本名・森林太郎）、三島由紀夫（本名・平岡公威《きみたけ》）、司馬遼太郎（本名・

福田定一《ていいち》）など、私たちには作家の名前が必要であり、本名は関係ない。この世において の名前の呼び方でも、こうである。

私たちは、「死者をあの世へ送る」という。此岸《しがん》から彼岸《ひがん》へは「三途《さんず》の川を渡る」という。あの世があるということだろう。あの世に生まれるのであるから、あの世の名前が必要だろう。戒名がないと、あの世では誰が生まれてきたのかわからない。

だから名刺（戒名）が必要である、と考えたらどうであろうか。あの世へ行ってしまった人の、この世の名前（戸籍）は俗名《ぞくみょう》という。戒名とは、俗世界と縁を切り、仏の弟子となったことを表す名前である。これは日本の習慣として定着しているともいえるし、むしろ文化ともいえる。死者に名前をつけて、あの世に送り出し、あの世の仏たちにお願いすると理解してはどうか。

戒名の基本は、もともとは2文字であるが、お寺への貢献度などによって、戒名の前後に付ける言葉が変化してきた。宗派ごとにルールがあり、時代の流れによっても変化してきた。これが今日にも引き継がれているのである。現代の戒名は、お寺に相談することになる。

江戸時代の大名には、何れも立派な戒名がついている。高野山は戒名文化のオンパレードといえる。例えば、徳川家康は「東照大権現安国院殿徳蓮社崇誉道和大居士」、豊臣秀吉は「国泰祐松院殿霊山俊龍大居士」の如くである。

▼「お通夜」

通夜（お通夜《つうや》）とは、本来は、死者の近親者が集まり、夜を徹して死者を偲ぶ習慣である。最近は、通夜に已に死者を御棺《おかん》に入れて祭壇の前に安置し、この通夜で葬儀への参列を終える人が多くなった。午後7時からが多い。戒名は、できれば通夜に間に合わせたい。

▼「葬儀」当日―葬儀の流れ・真言宗の場合―

導師入場

次、導師は、霊前普礼《れいぜんふらい》（霊の前で三礼）したのち着座

次、塗香《ずこう》を塗り、身を清める

次、護身法《ごしんほう》（浄三業《じょうさんごう》・仏部《ぶつぶ》・蓮華部《れんげぶ》・金剛部《こんごうぶ》・被甲《ひこう》）の印を結び、眞言《しんごん》を唱える

次、加持香水《かじこうずい》（加持した香水で、霊を加持する）

次、三礼《さんらい》（香炉をとって、霊に三礼の声明《しょうみょう》を唱える）

次、剃髪分《ていはつぶん》（霊を剃髪させる）

真言宗では死者に「引導《いんどう》を授《さず》ける」といい、「引導作法」により葬儀が行われる。引導作法は、亡者の霊魂を極楽浄土の安楽世界に導くのが目的である。したがって、導師は、「三密瑜伽《さんみつゆが》の行法」に基づいて、亡者を得度《とくど》させ戒名《かいみょう》を授け「灌頂《かんじょう》の印明《いんみょう》」を授けるのを

本義とするのである。

次、表白《ひょうはく》、神分《じんぶん》（霊が曼荼羅《まんだら》の世界に行くことを、諸尊にお願いする）

次、灌頂《かんじょう》（霊に灌頂の印明を授け、曼荼羅世界に導く）

次、五鈷杵《ごこしょ》を授ける

次、血脈《けちみゃく》を授ける（ほとけの世界の戸籍に登録された確認）

次、ここで導師が諷誦文《ふじゅもん》（生まれ変わった死者を讃嘆《さんたん》する文）を読む

次、ここで弔辞《ちょうじ》、弔電が読まれることあり

次、後《ご》　讃《さん》（声明と鉢）

次、光明真言《こうみょうしんごん》

次、大師宝号

次、出堂

▼追善供養

葬儀が終わると追善供養《ついぜんくよう》へと続く。以下に述べよう。

葬儀より四九日までは、亡者の霊は順次、極楽浄土へと次のごとく守られていく。

初七日までは不動明王に守られて次へバトンタッチ、一四日までは釈迦如来に守られて

次へ、二一日までは文殊菩薩に守られて次へ、二八日までは普賢菩薩に守られて次へ、三五日までは地蔵菩薩に守られて次へ、四二日までは弥勒《みろく》菩薩に守られて次へ、四九日まては薬師如来に守られて四九日を迎え「中院《ちゅういん》」の法要を行う。喪明《もあ》けという。

以後、百箇日法要は聖観音菩薩にお世話になり、一周忌法要は勢至菩薩にお世話になり、三回忌法要は阿弥陀如来にお世話になり。七回忌法要は阿閦《あしゅく》如来にお世話になり、一三回忌法要は大日如来（金剛界）にお世話になり、一七回忌法要は大日如来（胎蔵《たいぞう》界）にお世話になり、三三回忌法要は虚空蔵《こくうぞう》菩薩にお世話になる。のち先祖の仲間入りとなるのである（地域により、法要の回数には差がある）。

追善供養の制度は、よくできていると私は思う。身近な家族、親族、友達が施主とかかわり合いながら悲嘆・苦悩に寄り添い、死者と離れていく時間の使い方は、グリーフケアそのものと思う。

また年忌法要で一堂に会することは、家族が離散して生活している今日にとって、家族が顔を合わせ語り合える貴重な場となる。よって追善供養（法事）は行ったほうがよいと思う。

お寺さん　緊急事態宣言ですよ

令和5（2023）年になったが、新型コロナウイルスがいまだ蔓延している。第5波という。最近はお寺で葬式を行うことが少なくなった。葬式は葬儀会館で家族葬となり、僧侶は雇われて葬儀会館へ行く。しかし次第に僧侶がいない葬儀となっている。僧侶なしに死人は、極楽浄土へ直行する。極楽浄土に行けるのか。「オーイ極楽浄土から帰ってきて報告してくださーい」といいたい。僧侶は安穏としておられない。寺院経営がますます苦しくなる。僧侶の仕事ってなんですか、ともいいたいところだ。

新聞、テレビには、「小さなお葬式」「葬儀費用は安くできます」と大々的に宣伝が出ている。日本の大新聞において、1ページの4分の1を割いて「お葬式は安くできます」という広告が載り出した。「低価格でも安心のセットプランが14万1900円（税込）」「日本全国対応4000ヵ所以上の式場が利用可能」「無料資料請求＋アンケート回答で葬儀費用1万円割引」云々とあり、「小さなお葬式」につながるQRコードもついている。

テレビでは、毎日「小さなお葬式」のコマーシャルが流れている。

我が清凉院に新聞と共に広告が届いた。

セレモニーホール○○からの「家族葬のご案内」である。家族葬30万円(税込33万円)云々

として掲載されていたプラン内容は、「☆小ホール使用　☆病院搬送　☆火葬手続代行
☆枕飾り一式　☆ドライアイス処置一回分無料　☆お柩　☆遺影写真　☆運営スタッフ
☆骨壺セット　☆霊柩車」であった。その他、15万円、50万円、60万円、80万円、
100万円のプラン内容も掲載されていた。

このことからも理解できるように、葬儀は商品として広く宣伝されている。不思議なことに、いずれにも「僧侶」の項目がない。いろいろなプランを調べると、中に「布施」という項目を見出した。だが僧侶はない。布施の名目のもと、葬儀社に雇われていくのが僧侶の居場所なのである。僧侶は葬儀社にお中元・お歳暮を届けなければならない現状がある。

僧侶にとっても明治維新以来の緊急事態である。昭和の時代には、多くの僧侶が寺を守るために二足の草鞋を履いた。高野山真言宗では、高野山大学に多くの教員免許状があったので、こぞって僧侶は学校の先生となった。これも文部科学省の法改正で、不可能となった。そこで地域の町役場関係の職員となって寺を維持した。これもだめとなり、果たしてどうなるのか。

葬儀社は活発に動き出した。葬式・法事に頼る多くの寺は、どうなるのか。僧は緊急事態を感じないのか、僧に聞いてみたい、寺は何をするところですか、そして僧侶は何をしているのですか、と。

葬式、法事に頼ることのない、寺院経済が問われている。僧侶の生き方が問われている緊急事態の現実を、強いて書かせていただいた。

《閑話一言》

空海の弟子であり甥の智泉《ちせん》は高野山で亡くなった。37歳であった。このとき空海は、悲しみの底から悲嘆の涙を流し哀悼文を書いた（「亡き弟子智泉が為の達嚫文《だつしんのもん》」）。哀悼文の手本といえる。

空海の生きた時代にはどの宗派でも年忌法会は行われていない。ただ空海だけが、年忌法会を具体的に書いている。これは、歴史的にも希有な出来事であるのだ。

結果だけを示せば、「葬儀」2回、「三・七日忌」1回、「七・七日忌」2回、「一周忌」8回、「三回忌」2回、「一三回忌」1回、「その他」6回である（拙著『空海の行動と思想』法藏館）。

空海は、法会の場において、お経の功徳を講演した。密教の宣布である。これによって経典の書写、仏像の寄進、堂塔の建立をお願いする。空海の処世術といえる。

歴史のうえでは、仏教の盛衰は多くみられる。奈良・平安時代の仏教は、国家鎮護のもと政府によって支えられていた。僧侶は、鎮護国家を祈る公務員であった。だから葬式など忌のものにはかかわらなかった。このことから思うと空海だけが独特といえるのである。

第3章　生とは何か

―「生」における「楽しみ」の源とは

生きていることを実感する瞬間とはどのようなときか

生きていることとは、どのようなことか。生きていることを味わうのはどのようなときか。まずは自分自身に素直に問いかけてみよう。

高野山にまた夏がきた。梅雨が終わると、ある夕方に突然、蜩《ひぐらし》が鳴き出す。すぐ近くのもの、遠くのものが、いっせいに鳴き出す。木立に共鳴して山全体に響く。このセミは、いっせいに鳴いて、いっせいに鳴きやむ。その合掌の共鳴の中に、私が立ったとき、私の夏が来るのである。

私は、「この声を待っていた私」を感ずるのである。今年も夏が来たことを実感するとともに、また高野山の夏に会えた、と思うのである。近年はその思いが強い。

ふと気づくと、高野山に来て60余年経っている。その間、私を育ててくださった先生方のほとんどが、今はいない。先生方は、僧侶の世界に、学問の世界に、私を導いてくださった。

私が育つのに、つまり1人の人間が育つのに、どれだけ多くの人がかかわってくれたのだろう。それらの先生方との記憶は、思い出せば、きりがない。

最近身近な先輩が３人逝去された。また私が学生時代から常に親しくし、お互いに僧侶となった隣の寺の住職である友人が亡くなられた。彼は、別段変わった様子もなかったが、腰が痛いといって大阪の病院へ行き、その場で入院、手術をしてそのまま亡くなられた。ショックを受けた。

先生方も、そして身近な友もいなくなる。今、私は生きているが、その私も死ぬ。私が死んでも、蜩の合唱は、変わりなく高野山の夏を告げていく。

変わることのない自然の四季の変化の中で、私は１００年も生きない。

人は死ぬ。しかし死ぬまで生きる。その生きるということは何なのかが気になる歳になったといっておこう。

そして生きている間は、生きていることを味わい、楽しみたい。

生きていることを、人はどこで感じるのか

改めて生きていることとは何か、を問うてみたい。私たちは、現実の生活の中で、美しいとか、喧《やかま》しいとか、臭いとか、おいしいとか、汚いとか、うれしい、悲しい、憎い、痛いとかいいながら生きている。

このような日常のことを整理してみたい。

	受動的な心	能動的な心
六根《ろっこん》	眼《げん》・耳《に》・鼻《び》・舌《ぜつ》・身《しん》	意《い》
六境《ろくきょう》	色《しき》・声《しょう》・香《こう》・味《み》・触《そく》	法《ほう》
六識《ろくしき》	眼・耳・鼻・舌・身	意

▼六根

はじめに、私たちは生きていることをどこで感じるのかを問いたい。その答えとして「眼《げん》・耳《に》・鼻《び》・舌《ぜつ》・身《しん》・意《い》」（六根《ろっこん》）を出したい。

六根とは、富士山や御嶽《おんたけ》山に登る人たちが、「懺悔《さんげ》懺悔、六根清浄《しょうじょう》」と唱えながら登る、あの六根のことである。

「眼《め》・耳《みみ》・鼻《はな》・舌《した》・身《しん》体」の五官、すなわち五根に「意《こころ》」を加えて六根という。私たちの身《み》と心《こころ》のことである。つまり「六根清浄」とは「身心清浄」といっているのである。

だが、この六根がそのまま楽しみのもとであると気づく人は少ない。「根《こん》」とは、「草木の根」ということで、根源とか根本といった意味である。だから楽しみの根源を知るためには、六根を知ることが必要となる。楽しみの根源は、「六根」つまり6つに分けることによって理解することができるのである。

▼六境

仏教では、この六根にそれぞれ対象をつくり、日常をより具体的にしていく。「眼で見る対象となるのは色《いろ》」である。「耳で聞く対象となるのは声《こえ》」である。「鼻で嗅ぐ対象となるのは香《かおり》」である。「舌で味わう対象となるのは味《あじ》」である。「身体で感じる対象となるのは触《ふ》れること」である。「意《こころ》で感じる対象は法」である。

今一度まとめると、「眼《げん》・耳《に》・鼻《び》・舌《ぜつ》・身《しん》・意《い》」を六根《ろっこん》といい、六根の対象となるものを「色《しき》・声《しょう》・香《こう》・味《み》・触《そく》・法《ほう》」の六境という。このように対象をつくることによって、私たちが生きている内容が整理できる。

そして、六根と六境を合わせて「十二処《しょ》」という。「処」は「場所」の所《しょ》で、「生長」の意味に解釈される。六根が六境を受け入れ、私たちの意識を生長させてくれる。この根と境とは、根は境をとり、境から根を生ずるというように、相互に入れ合って、渉入《しょうにゅう》するのである。

原始仏教の教典『四阿含経《しあごんきょう》』の1つ『増一阿含経《ぞういちあごんきょう》』の中に、「眼は色をもって食《じき》となし、耳は声をもって食となす」とある。

眼で楽しむのは色であり、耳で楽しむのは声である、というように、私たちは満足していく。六根と六境の意味は、理解していただけたと思う。

▼六識

「識《しき》」とは、外界にある六境を六根が受けて、私たちの六根が、その1つひとつを確かなものとして認識していくことである。ここに「眼識《げんしき》・耳識《にしき》・鼻識《びしき》・舌識《ぜつしき》・身識《しんしき》・意識《いしき》」の六識が生ずることとなる。

私たちが「あるものを認識する」ことは、「根」と「境」と「識」との3つが相応じ、一致したときに成り立つ。ここに確かなものを感じたといえるのである。

すなわち「眼根」と「色境」と「眼識」とが和合して、ここに「眼」を中心とする1つの世界が生まれるのである。いわゆる「眼の世界」である。

「耳の世界」「鼻の世界」「舌の世界」「身体の世界」「意《こころ》の世界」も、このような相対関係によって生まれるのである。

以上、私たちの身体と心を「眼・耳・鼻・舌・身・意」の立場から触れた。

楽しみの源を「詩・歌」に見つける ―身と心で楽しむ―

生きていることを楽しむために、「眼・耳・鼻・舌・身・意」を俳句で楽しんでみよう。まずは2つの句を鑑賞しよう。

眼に青葉　山ほととぎす　初鰹《はつがつお》（山口素堂）
衣替え　手につく藍《あい》の　匂いかな

◆眼に青葉　山ほととぎす　初鰹

「眼に青葉」とは、眼の世界である。「眼で見る対象となるのは青葉」という色の世界である。四季ごとに移りゆく日本の自然の色。春になると、山全体が若葉一色となり、私を包む。高野山で暮らしていると、若葉は我々を冬の寒さから解放してくれる春風のようである。高野山から大阪へ、南海電車の窓から、山全体に淡い色の若葉が見える。春だ、と感じる。この色がだんだん色を増して濃くなる。そして初夏を迎える。

「山ほととぎす」とは、耳の世界である。「耳で聞く対象となるのはほととぎす」、声の世界である。ほととぎすは、カッコウに似た、カッコウ科の鳥。夏の鳥として詩歌でよく歌われる。鳴き声は「てっぺんかけたか」と聞こえるということで知られている。夏の高野山で、ほととぎすの空気を切り裂くような高い声が、鼓膜を震わせる。

「初鰹」とは、舌の世界である。「舌で味わう対象となるのは鰹」、鰹を食べる味覚の世界である。私たちは、おいしいものを食べると身体も心も満足する。鰹は黒潮に沿って群棲して回遊している。春になり、ちょうど日本近海に来た、初鰹である。

◆「衣替え　手につく藍の　匂いかな」

「衣替え」とは、身の世界である。「身体の対象となるのは衣」、衣を着替えることであるから、身体に触れる意味において触覚の世界である。

私たち僧侶の衣装は、数百年前の衣の様式を、現代もそのまま用いている特殊な職であるといえよう。

6月になると夏衣、10月になると冬衣に着替え、肌で季節を感じる。衣を間違えると高野山内の年中行事にも儀式にも出られない。儀式もさまざまで配役によっても衣が異なり、これがまたうるさい。浅野内匠頭《あさのたくみのかみ》の殿中と同じである。

「手につく藍の匂いかな」とは、鼻の世界である。「鼻え嗅ぐ対象となるのは藍の匂い」、香《かおり》の世界である。藍の香がする衣で、季節感がいっそう現れている。

先にあげた2句は、私たちが生きている世界を表している。

「眼には青葉」は「眼の世界」、「山ほととぎす」は「耳の世界」、「初鰹」は「舌の世界」、「衣替え」は「身の世界」、「手につく藍の匂い」は「鼻の世界」である。生きている喜びとは、私たちの五感が観じ喜ぶことであろう。俳句とは、その五感をくすぐる歌の遊びである。そしてこの五感が「心」に落とし込まれて歌の芸術が完成するといえる。

眼・耳・鼻・舌・身が対象とするものは、その各々において自由奔放、縦横無尽、無限に広がっていく。つまり歌の表現は、無限である。少しくどくなるが、無限の意味の説明を加えたい。

「眼」の対象は「色」である。「色」は、「眼」に見えるものを代表した言葉にすぎない。「色」が意味するところは、赤・黒・青・白などの色である。だがこの色だけをいっているのではない。「眼」に見えるもの、「眼」が感ずるものなどのすべてをいっている。自然の四季の色、空の色、星、海の色、船、建造物の形、遺跡、人間が歩く行動、異性、子供、津波、戦争などすべてが、「眼」の対象となる。

「耳」の対象は「声」である。「声」は、「耳」に聞こえるものを代表した言葉にすぎない。「声」の意味は、音である。鳥の鳴き声も各種各様の声がある。風の音、波の音、小川のせせらぎ、戦争の爆撃、銃弾の音であり、音楽のジャズでありクラシック、ピアノ、トランペットの音、拍手、そして人間の各種の言語、愛のささやき、あらゆる音を「耳」は、聞き分ける。

「鼻」の対象は「香」。「舌」の対象は「味」、「身体」の対象は「触れる」。これらも同様に限りなく広がっていくのである。この五感が「心」と接触したところに、歌の完成があると私は考えている。

高野山奥之院「文学散歩」―石塔文学を楽しむ―

今少し、歌の世界を味わっておこう。高野山で詠まれた歌である。

高野山は、弘法大師空海が開創して、平成27（2015）年で1200年になった。各時代を通してつくり上げられてきた歴史がある。高野山中の一の橋から空海の御廟《ごびょう》までの2キロの参拝道を含む一帯は、「奥之院《おくのいん》」と呼ばれ、大杉と大名の墓が並び立つ。おおよそ20万基を超える諸大名の墓石や、記念碑、慰霊碑などを合せると何十万基ともなる。

だが、この2キロの参道に100を超える多くの歌碑があることに、興味を持つ者は少ない。少しく紹介しておこう。俳句、短歌に関係なく、一の橋から御廟に向かっての2キロを歩いてみよう。「奥之院文学散歩」といった気持ちで、各自で味わっていただきたい。

- 「お遍路の祖師と在るこころ尊とけれ」（青嵐句碑　昭和27年）
- 「みほとりのりやくの程そ有難き病気忘れし今日の嬉しさ」（寛演歌碑　昭和5年）
- 「明ほのや暫なから雪の峰」（平山居士句碑　天保14年）
- 「忘れてもくみやしつらん旅人の高ののおくの玉川の水」（旧玉川歌碑 慶長16年）
- 「霧となる香の薫りや九百坊」（塊翁句碑　文政10年）
- 「嬉しさりかさなる聲やほととぎす　万歳樓袖彦」（袖彦句碑　文政8年）

●「世と共に語りつたへよ国の為めいのちを捨てし人のいさをを　東郷平八郎謹書」（明治天皇御製碑　大正14年）
●「わがためと思う心はあださくら人にはつくせ己が誠を」（慈忍歌碑　昭和42年）
●「はやあとになるたた今そ花盛」（世南句碑　天保丁酉春〈天保８年〉）
●「落光の清さや杉の下涼　詠久」（詠久句碑　嘉永６年）
●「法の跡いく世ふりにし苔の花」（おごま石句碑　明治36年）
●「在すかと夢に夢見て浮の秋　東部一捕」（不詳）
●「空みれは空まて峯の月ひとつ　雪中庵完來」（伊藤氏墓一捕・完來句碑　文化９年）
●「みほとけの慈悲にそあらむかんこ鳥」（中村徳蔵句碑　明治39年）
●「雉子啼や翁の仰せ有る通り　七代目団十郎」（団十郎供養句碑　文政13年）
●「起て夢寝てはまほろしうつつにも歌舞の臺に遊ふ身なれは　七代目白猿」（芝居長久歌碑　文政13年）
●「尊さや蓮のかたちの法のやま　大教正五左井穽雄」（大教正句碑　大正元年）
●「ありかたや高野の山の岩かけに大師はいまにおわしまします」（増田氏ありかたや歌碑　大正11年）
●「大いなる慈悲のみむねにいたかれて霊安くあれ法のみ山に」他五首（八木家之墓歌碑

群　昭和34年）

●「なく虫を我道連や秋の山　市紅」（市紅句碑　明治35年）

●「心にも白きは清し冬牡丹　団猿」（団猿句碑）

●「父母の今もこの世にましまさは肩などさすりまいらさんと思う　妻菊の詠」他（父母恩重歌碑群　昭和40年）

●「鎌倉の夢見てさめて雪篭り　愛子」（不詳）

●「母娘住み窓の外には浮寝鳥　桐翠」（扇面句碑　昭和40年）

●「卵塔の鳥居や實にも神無月　其角」（不詳）

●「灯火を浮世の花や奥ノ院　永機」（其角・永機句碑　明治15年）

●「あなはかなためしなきよとちきりける八ツの葉の根にうえよ我から」（貞岸智静あなはかな歌碑　天保14年）

●「高野山たのむこころのふかけれはあさき石井もくみはつくさし」（慶長18年歌碑）

●「法のためたつるいさをもたか野山その名はくちし末の世迄に　大口鯛二」（徳栄講歌碑　大正2年）

●「御佛のめくみの露をこころとし身は蓮の葉の玉とならなむ」（賀集家墓光子歌碑）

●「諸友とこめし契もあしきなくうつれはかわる天のむら雲」（龍山院歌碑　安永7年）

●「忘れても汲やしつらむ旅人の高野のおくの玉川のみつ」その他（天保玉川歌碑　嘉永元年仲夏）
●「いにしへははなさくはるにむかひしににしにくまなき月おみるかな」（正和元年歌碑）
●「夢覚てけふは浄土の宿はいり　土英」（土英辞世歌碑　弘化３年以後）
●「うつし身はここにねむれど絃のわざ妙なる音色永久に残らん」（鶴沢清六歌碑　昭和35年）
●「炎天の空美しや高野山　虚子」（虚子炎天句碑、永機　昭和26年）
●「あはれこの印の石は高野山みのりのちかいひくちぬためしそ」（讃州植松氏歌碑　天保9年）
●「分れ行く君の姿は見えねとも徳の光はいつの世までも」他（中野広三郎歌碑　昭和41年）
●「夕焼けて西の十萬億土透く　誓子」（山口誓子句碑　昭和36年）
●「尚ちからせむすべもなきみにはただ南無仏ととう人のみこそ　順教」（順教尼腕塚歌碑　昭和27年）
●「仰へく祖師の御足をしたひ来て御影に逢そ今日のうれしさ　感中」（親鸞報恩歌碑　大正7年）
●「法の縁くちぬちかひや石の文」（見真大師墓句碑　明治38年）
●「やははだのあつき血潮にふれも見でさびしからずや道を説く君」（与謝野晶子歌碑　昭

〔『高野山奥之院文学散歩―一橋から奥の院まで』書／静 慈圓〕

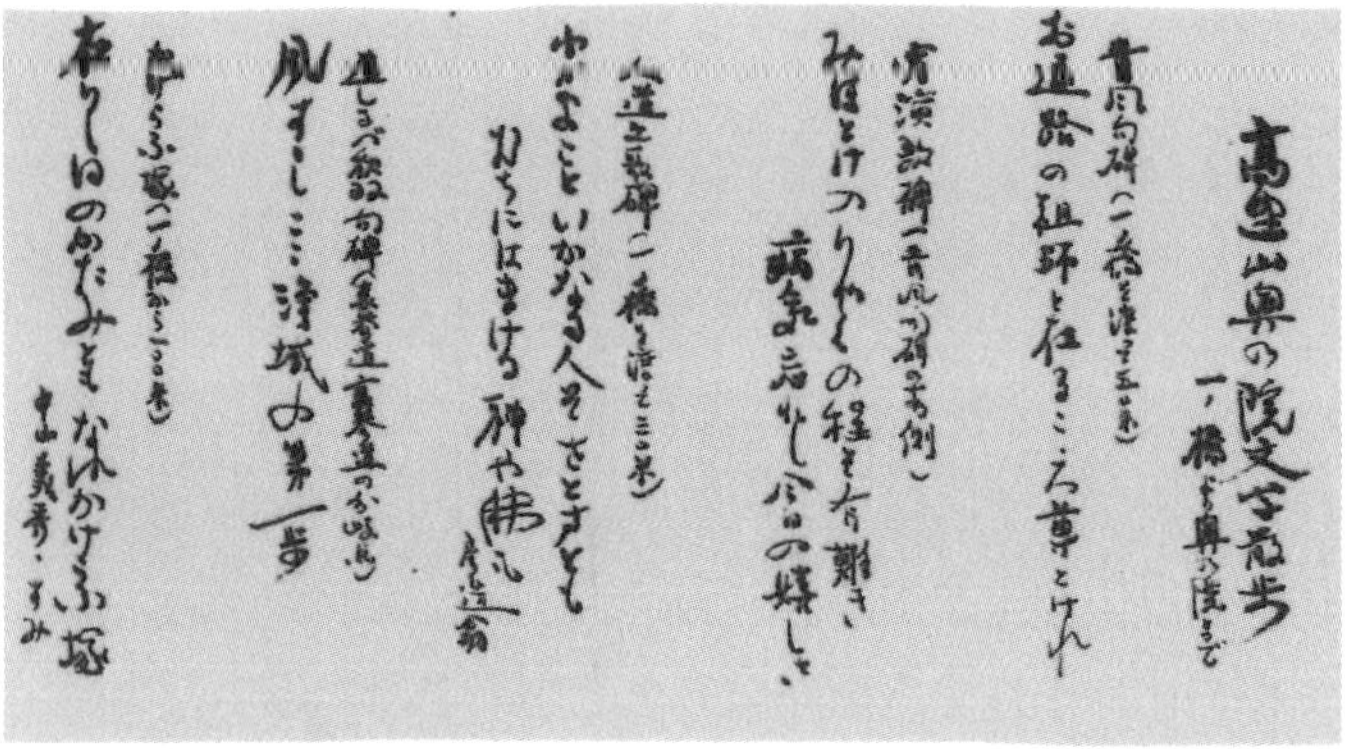

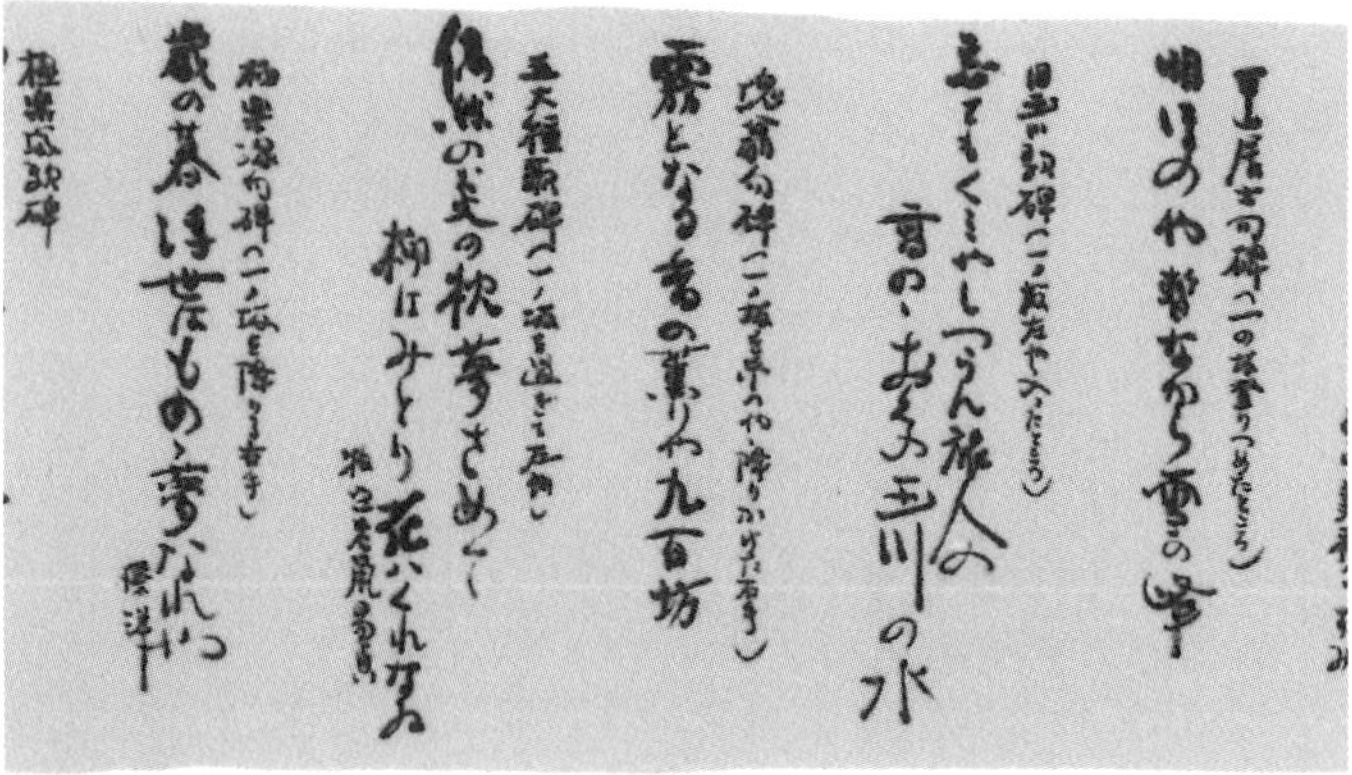

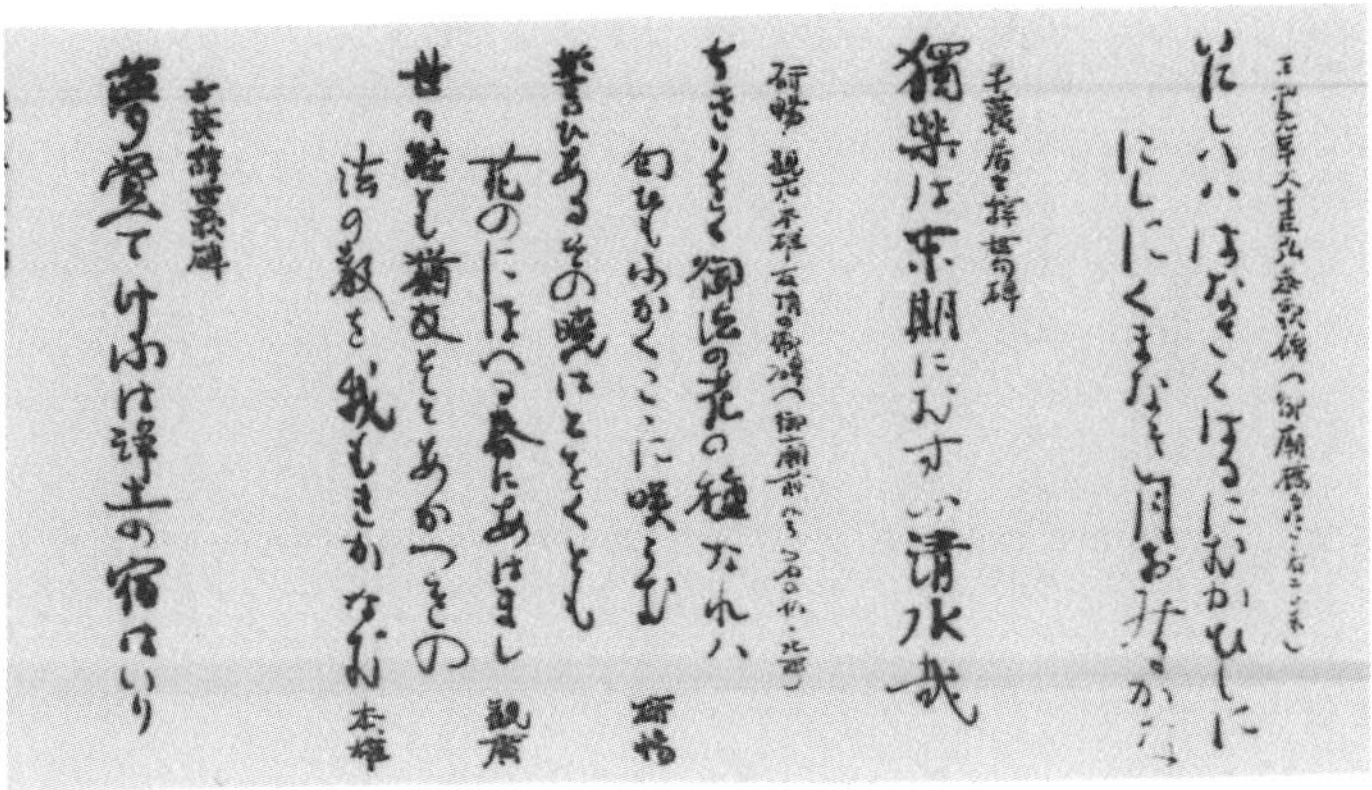

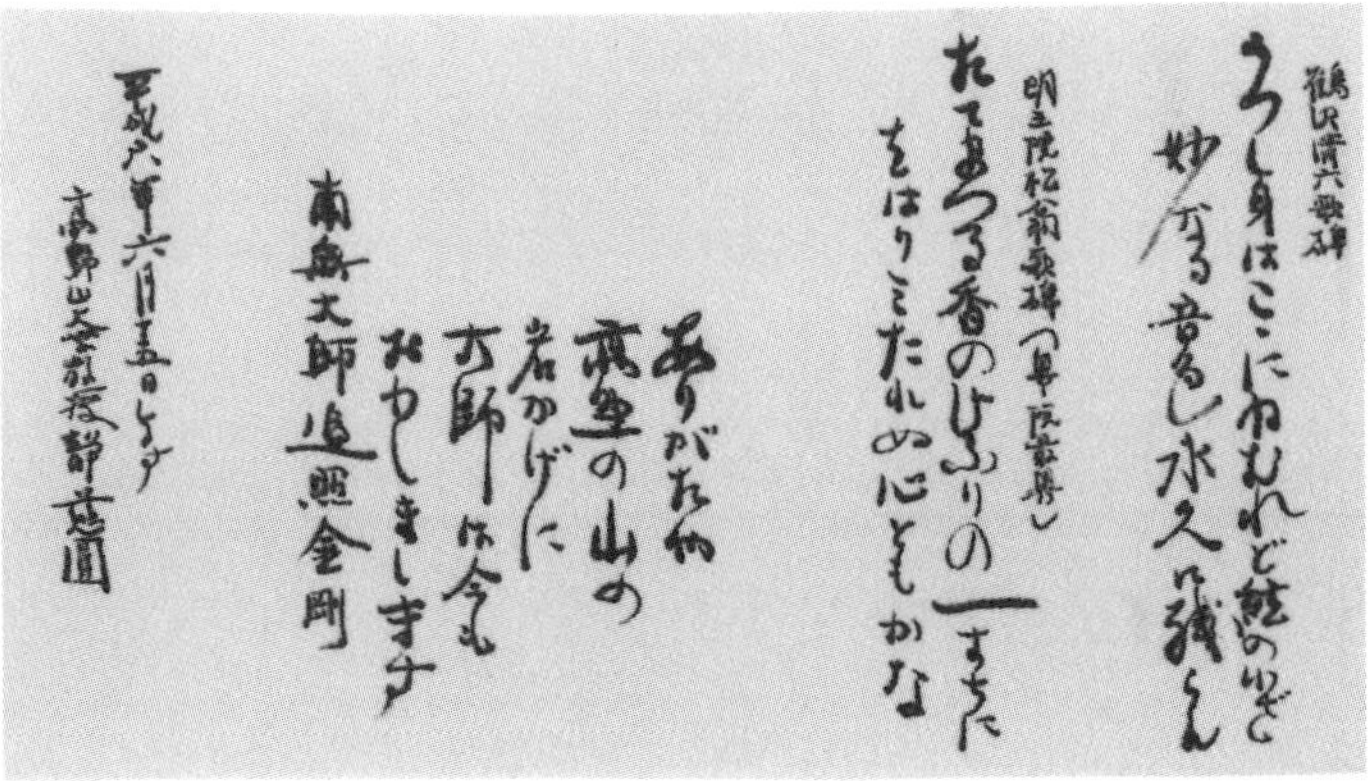

和25年）

石塔文学に興味を持ち、奥之院を歩くと、興味はまた尽きることがない。実は日本最古の、ひらがなの歌碑が、奥之院にある。

●「いにしへハはなさくはるにむかひしににしにくまなき月おみるかな」

正和元（1312）年と刻まれている。

多くの歌碑・句碑は明治以後といえようが、慶長16（1611）年、安永4（1775）年、文政8（1825）年、天保14（1843）年、嘉永6（1853）年など、やや古い時代も多く見出せる。奥之院に詩歌句碑をつくること、そのこと自体一大事である。よってそれぞれ懸命に、立派な碑を建てていることがうかがえるのである。

以上の歌碑を逐次調べると、その1つひとつに人間の生きた証が刻まれている。今は「芭蕉の句碑」を例として観賞を試みてみよう。

奥之院の「芭蕉句碑」を見る

私は、高野山大学に奉職し、空海の思想の研究を始めた。当時、大学で取得できる多くの教職免許があり、国語と書道の教職免許があった。私は、密教学の教師であったが、書道も教えることとなった。

最初の学生への課題は、「奥之院、中の橋から坂を上り下りして、右手に公園墓地への岐路を見てすぐ左にある「芭蕉句碑」をよく観てきてください」というものだった。これで１回目の授業は終わり。

学生らは、適宜案内書などを調べて「芭蕉句碑」を観に行く。

ここでは「見」ではなく、「観」と書く。漢字の「見」は、眼で見るの意味。「観」は、念を入れて見る、注意して見ることを意味するので、「観」と書く。

次の時間、私は「芭蕉句碑」をよく観てきましたか、と尋ねる。

学生は答える。「はせを翁《おきな》　父母《ちちはは》のしきりにこひし雉子《きじ》の聲《こえ》」と書いてありました」。

その後も質問は続く。

「どのくらいの高さ、幅でしたか」

「背丈ぐらいの高さで、先のほうが少し小さくなった自然石でした」

「書体は、楷書、行書、草書のいずれでしたか。何行で書いてありましたか」

「行書でした。３行で書いてありました。池大雅《いけのたいが》が書いた字でした」

「石の色は、何色でしたか」

「赤茶けた色でした」

「石に刻している字の大きさ、刻の深さ（浅く掘っているところ、深く掘っているところ）

を観ましたか。線の幅の細い部分、太い部分、かすれの部分を観ましたか（手でなぞりましたか）。石の硬さはどう思いましたか」

学生たちは大体、この程度の話はできる。けれども、

「石の裏側（碑陰《ひいん》）は観ましたか」「？？？」

「石の裏側に何が書いてありましたか」「？？？」

「句碑をのせている土台の石を観ましたか」「？？？」その石には何が書いてありましたか」

「？？？」

「この句碑は、何のためにいつ誰が建てたのでしょう」「？？？」となると、答えられない。私は「よく観てきてください」といったのである。

つまり、「よく観る」、「よく観賞する」とは、どのようなことなのか、の問題である。この意識を持たないと、物事を深く観賞することはできない。書道を始めることはできない。すべての芸術に共通するところであるが、この感性が大事なのである。

さて、『芭蕉句碑』は池大雅の筆である。てらいがなく、ゆったりと豪快に書いている。使用した筆は、柔らかい毛であり、毛はあまり長くはない。思い切った太い線と、毛先を細くして切り込むような強い線の調和が美しい。つまり筆毛の上下運動が如実である。線の遅速、筆墨のかすれを見事に表現して刻している。刻の跡を手で追いながら満足感に浸

◆碑陰（碑の裏側）

◆句碑の拓本
「父母のしきりに恋し雉の聲」は、貞享5（1688）年春の句作（笈《おい》の小文）。芭蕉が亡父の三十三回忌を故郷で営み、その後、高野山に登ったときの作。

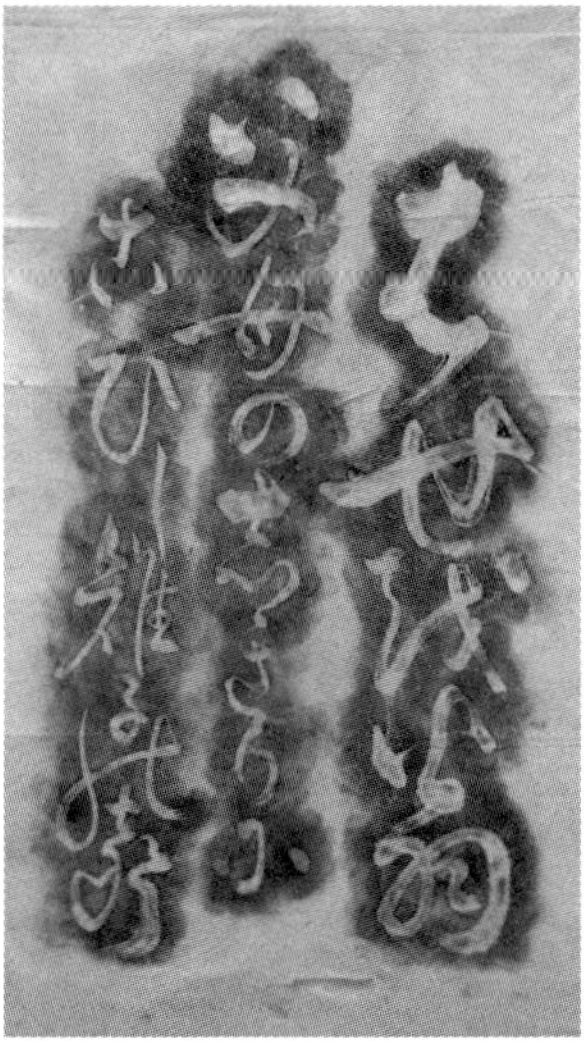

◆碑陰拓本
芭蕉を崇拝してやまない俳人・雪中庵（大島蓼太）が詠んだ長歌。

れる。刻の表現をこれほど残す石は、硬くなければならない。石碑の表現、これは刻師の腕であろう。そして碑陰（碑の裏側）を観る。この字も池大雅の行書である。行書の連綿が美しい。刻もしっかりしている。思わず手で文字をたどると、また長歌の内容がよい。誰の作か知りたく思う。

ほろほろと　啼《な》くは山田の　雉子《きじ》のこえ　父にやあらむ
母にやと　おもひしたへる　いにしへの　良辯《ろうべん》のかの
ふるうたに　かよふこゝろの　十あまり　七ツの文字を
石にいま　きさみて爰に　たつか弓　紀の高野なる
法の月　雪にさらして　すえの世も　朽《くち》ぬためしを
この國に　この道したふ　沂風《きふう》てふ　人のまことを
書そととむる　右　東武　雪中庵蓼太
安永四乙未年十月十二日

「父母の　しきりに恋し　雉《きじ》の聲《こえ》」は、貞享《じょうきょう》５（１６８８）年春の句作（笈《おい》の小文）で、亡父の三十三回忌を故郷で営み、その後、高野山に登ったときの作である。

碑陰に名の見える雪中庵（大島）蓼太は、江戸時代中期の俳人で芭蕉の高弟、宝暦《ほうれき》13（1763）年、芭蕉七〇回忌に門人らと「芭蕉翁俤塚」を建立し、これにあわせ自撰集を建立している。俤塚の碑にも蓼太の長歌がある。長歌の傑出した人である。

また芭蕉句碑をのせる台座の石には、「宿坊　金剛頂院　南紀日高郡御坊邑　鹽路沂風建之」とある。

鹽路沂風《きふう》は、宝暦2（1752）年生まれ。真宗高田派の僧侶。安永7年近江の義仲寺無名庵主となる。芭蕉九〇回忌を行った。寛政12（1800）年死去。

奥之院は、このようにその1つひとつの歌碑によって、日本の歴史に触れることができるのである。

石刻を楽しむ　―石に刻された歴史にふれる―

奥之院の大杉の間2キロの参道には、大きな「五輪塔《ごりんとう》」の大名墓が連立している。奥之院の墓は、すべてを合せると何十万基あるかわからない。これらの墓もまた日本の歴史を語っているのである。だが他面から見ると、面白いことに気づく。それは「石に刻す」ということである。

碑の文字の彫りから、時代の特色、技術の良否、あるいは手刻法など、字彫りに関する一切の事柄が奥之院で見られるのである。どのような字にはどの刻がよいのか、大・小の字を刻した石工の技術や刻法を見るのもまた楽しい。

刻字には、陰刻と陽刻がある。

●陽刻、つまり浮き出し彫りである。仏像の彫り出しなどもある。

●陰刻、石面に彫りこむ手法である。

刻字の多くは陰刻である。陰刻の種類を挙げてみよう。

薬研彫《やげんぼり》（通し画《がく》薬研彫。切り画薬研彫）。平《ひら》彫（角縁《かくぶち》平彫。円縁《まるぶち》平彫）。梨地《なしじ》彫。蒲鉾《かまぼこ》彫。額縁《がくぶち》彫。円《まる》彫（円縁円彫。角縁円彫）。突鑿彫《つきのみぼり》がある。陽刻、陰刻共に梵字・悉曇《しったん》も見られる。

このような石を見ていると、高野山の1年がすぐに終わってしまう。高野山はそのような山であるのだ。ただ奥之院の碑は、自然の風雨の中にあり、冬は凍《い》てつく氷と共に建っている。そのため摩滅《まめつ》が激しいがどうすることもできない。私は、現状維持のために、できる限り拓本で残したいと考えている。

楽しみこそが苦しみの原因 ─『般若心経』とは─

本章は、一般的にいって、私たちの楽しみとは何か、楽しみの見つけ方は「六根《ろっこん》」「六《ろっ》境《きょう》」「六識《ろくしき》」にあると分析してみた。だが仏教の教え（『般若心経』）からすれば、この楽しみこそ苦しみの原因なのである。そのことに触れておきたい。

生きていることは楽しいことばかりではない。むしろ反対に生きていることは苦しい。このこととかかわるのが、これまた六境である。人間の六根（眼《げん》・耳《に》・鼻《び》・舌《ぜつ》・身《しん》・意《い》）を塵《ちり》のように汚していくもの、人間を迷わせていくもの、つまり外界からくる六境（色《しき》・声《しょう》・香《こう》・味《み》・触《そく》・法《ほう》）は、ときによっては、私たちを迷わすし、迷いの世界をもつくり出す。だから「六境」は塵《ちり》にたとえられ「六塵《ろくじん》」というのである。

『般若心経』では、人間の苦しみは、人間の迷いにある。迷いとは「煩悩《ぼんのう》」がそれであるから、この煩悩を無くすことを説く。この煩悩となるのが、六根、六境である。だから迷い（苦しみ）を無くすということは、六根、六境の否定にあるとし「無《む》」によって否定していく。つまり「無眼耳鼻舌身意」、「無色声香味触法」となる。

私は、人間が生きている楽しみは、六根、六境にあると説いた。仏教の「無の思想」とは逆である。なぜか。このことは第5章「仏教経典の中に救いを見出す」の中の『般若心教』で検討する。

第４章　救いの対象となる「意識」

―心の深さを分析する

『成唯識論』が解明した意識としての心の問題

「意識」とは何か

交通事故で、病院に救急患者が運ばれてきた。意識はあるのか。看護師が大声で呼びかけている。反応を示すらしい。どうやら意識はあるらしい。「意識」とは、一般的にどのような意味かについて考えてみよう。

国語辞典には、次のようにある。「自分が現在何をやっているか、今はどんな状況なのかなどが自分でわかる、心の働き（『岩波国語辞典』第三版）。答えは、この内容でよいのだが、果たしてこれで解決できたのか。

医学では、意識をどのように分析しているのだろう。医師は、心の病《やまい》を持つ者を救える答えとしての意識（心）と、どう向き合っているのだろう、と思う。ここでは意識を「心」と捉え、漠然として曖昧で捉えがたい、深層心理の問題でもある「心の働き」を分析してみたい。まずは、語句の説明から入りたい。

『成唯識論』

六識《ろくしき》	前五識《ぜんごしき》	眼識《げんしき》	表層心（顕在的心）	
		耳識《にしき》		
		鼻識《びしき》		
		舌識《ぜっしき》		
		身識《しんしき》		
	第六識	意識《いしき》（心）		○言葉を用いて考える働き ○感覚を鮮明にする働き
七識	第七識	末那識《まなしき》	深層心（潜在的心）	本能が係わる自我執著心
八識	第八識	阿頼耶識《あらやしき》		深層で働く記憶の「蔵《くら》」

前章では、眼《げん》・耳《に》・鼻《び》・舌《ぜつ》・身《しん》・意《い》（六根《ろっこん》）、色《しき》・声《しょう》・香《こう》・味《み》・触《そく》・法《ほう》（六境《ろくきょう》）を説いた。繰り返すが「根」というのは、根本、根幹という意味である。「眼根《げんこん》」というのは、具体的には眼球や視神経をさす。「眼根」があって初めて、外界の「色」を認識するのである。同じように「意根《いこん》」というのは、具体的には心をさす。心があって初めて、「法」を認識

するという理解である。

この六根（人間として持っているもの）と六境（外界にあるもの）との関係。つまり外界にある六境を六根が受けて、ここに眼識・耳識・鼻識・舌識・身識・意識の「六識《ろくしき》」が生ずることとなる。六識の中でもっとも重要なのは「意識《いしき》」（心）である。深層心理的な考えは、この意識から入るのであるが、果たして仏教では、この意識をどのように位置づけているのかを考えてみよう。

経典『成唯識論』が解明した「意識」とは

仏教では、「意識」の問題は、『成唯識論《じょうゆいしきろん》』で解明されている。この経典は、唐の高宗の顕慶4（659）年に玄奘三蔵《げんじょうさんぞう》が翻訳し、玄奘の弟子慈恩《じおん》大師基《き》は「法相宗《ほっそうしゅう》」を開いた。法相宗は、飛鳥時代から奈良時代にかけて日本に伝わり、奈良の薬師寺は法相宗の大本山となった。法相宗は、別名唯識宗《ゆいしきしゅう》ともいわれ唯識の教えで成り立っている。

唯識の教えは、「万法唯識（万法《まんぽう》は唯《ただ》識なり）」といわれるように、すべての現象を「意識」の活動から捉える宗旨である。つまり仏教では、意識としての心の問題と分析は、すでに飛鳥時代にさかのぼるのである。

仏教では、この意識を「五倶《ごぐ》の意識」と「独頭《どくず》の意識」の2つに分類する。

「五倶の意識」とは、眼・耳・鼻・舌・身の５つの感覚を心が受け入れることによって起こる、心の作用である。

「独頭の意識」とは、５つの感覚を離れて意識だけが独立して働く心である。

「独頭の意識」は、また「夢中《むちゅう》意識」、「独散《どくさん》意識」、「定中《じょうちゅう》意識」の３つに分けられる。

「夢中意識」とは、睡眠中に働く心の働きである。つまり眼・耳・鼻・舌・身の５つの感覚は働いていていないが、夢の中で意識のみが働く。「独散意識」とは、５つの感覚は働いていないが、かつて見聞したことが、意識の下に潜在しており、記憶の再現として、表面に出て働く。「定中意識」とは、５つの感覚は働いていないが、坐禅して心を集中しているときに、意識が統一された状況で起こる働きである。「坐禅する」とは、この働きを目指しているのである。

眼・耳・鼻・舌・身・意の中の「意識」の位置づけは、これで終わりである。しかし『成唯識論』は、この「意識」の内容を深めていき、順次「末那識《まなしき》」と「阿頼耶識《あらやしき》」を立てていくのである。

少し余談を入れたい。『成唯識論』では、心の分析を実に多くの例を用いて説明している。「身体と心」の分析に関心を持っていると、自分も何か実践を試みたくなるものだ。私は、仏教では「身体」と「心」に分ける事例が多くあることに気づいた。このことに気づけば、心を集中することにより、次のようなことができる。

大阪なんば駅から高野山までは、南海電車で2時間ほどである。満員電車に乗ると席がない。このようなときは、吊り革を持ち、両足を踏ん張り、筋肉を緊張させ身体を起している状態で、深い眠りに入ることができる。また席に座れば、体は眠らせ、頭の中は起こしていることができる。

会議に出ても同じ。頭の中は回転させているが、身体は寝させることができる。また身体は起こして、頭を寝させる。訓練すると、このような実践ができるようになった。しかし会議では身体を寝させると、頭の中は、起きているのだが「寝るな」と怒られたこともあった。テレビを、寝ながら見ていても、内容は覚えていることがあるだろう。訓練すれば意識のコントロールはできるのである。

中断する意識「末那識」「阿頼耶識」

さて、本題にかえって意識の働きを深めていきたい。交通事故で意識がなくなった、とはどのような場合をいうのであろう。意識が存在しないとは、死んだときである。死んだときに意識がなくなるのは当然であるが、意識がなくなるのは、死んだときだけか、といえばそうでもないようだ。柔道で落とされ気絶したとき、睡眠が深いとき、また深い禅《ぜん》定《じょう》に入ったときなどには意識はなくなる。しかし、死んではいない。

　生存中の意識活動について述べていきたい。私自身は毎日「意識」をなくしていると、第２章で書いた。睡眠である。「死ぬ」と意識はないが、「意識がない」ことがすなわち死ではない。私たちは、夜は睡眠をとるが、朝になると起きる。睡眠中、意識の活動は停止しているが、朝になると目が覚めて活動を始める。「夢を見る」というのは、睡眠中であっても、意識の活動が停止していない状態であるといえる。

『成唯識論』では、「夢中意識」といっている。うまく表現されたものである。つまり睡眠中は、意識は「なくなってしまうのではなく、中断しているのである」。

『成唯識論』は、この中断の意識を論じていく。「末那識《まなしき》」と「阿頼耶識《あらやしき》」がそれである。

小乗《しょうじょう》仏教では、六識を立てて終わりとするが、大乗仏教である法相宗では、「末那識」と「阿頼耶識」の２つを加えるのである。

「末那識」（第七識）は、意識の世界、理屈の世界では割り切れても、心情的には、なお割り切れないところが残ることを問題とする。自分に対する執着である。例えば、親が死亡したときの「かたみ分け」だ。「泣きながら いいほうをとる かたみわけ」という川柳がある。親の死は親族みな悲しいが、目の前に着物や毛皮のオーバーを並べられると、ついつい私欲が出ることもあるようだ。

友達に聞いた話だ。彼の女房の母が死亡した。棺に納められた。女房が「お母さんが一番気に入っている帯を持って行ってもらおう」といって棺に入れたそうだ。横で叔母が泣きながら「その帯は、よいのでおいとこう」といった、という。自我執着心といえよう。

「阿頼耶識」(第八識)とは、過去から現在に至るすべての経験を貯える「蔵《くら》」である。私たちが経験したものは、心のどこかに残っている。眼・耳・鼻・舌・身・意で経験したものが、阿頼耶識という蔵に貯蔵されている。それが何らかの条件によって、再び「意識《こころ》」の領域に現れてくるのである。これを「現行《げんぎょう》」と呼ぶ。

よいことをすればよい経験として、悪いことをすれば悪い経験として、阿頼耶識に蔵されている。まことに恐ろしい識でもある。悪いことを思い出し、夢でうなされるのはその行為が「現行」として現れるからである。意識は消滅していても、その背後にある阿頼耶識は存続している、と考えねばならない。

眠りの中には千万の記憶がある。その中のほんの一部の記憶が、睡眠中に複合的に夢として現れてくる。夢は記憶が複雑に組み合わさった残像であるから、目覚めたときに複雑な物語としてはっきりしたような、またはぼやけたような現像で思い出される。空海の文に「一念眠中千万夢」とある。深層心理の表現として私の好きな句である。

茶室でよい香をたく。しばらくその場所にいると、香の薫りが衣服にうつってくる。これを仏教では「薫習《くんじゅう》」（かおりづけ）という。物質的・精神的にかかわらず、我々が行った経験や行為は、すべて阿頼耶識の中に薫習され蓄積されていくのである。

仏教の思想において「心」の問題は、いろいろな方向から深められている。ここでは、「唯識」思想から「心」を分析しているのである。すると「心」のもとは、「阿頼耶識」という深層のところに薫習されていた。そこで次のようなことがいえる。

「心」の中心は、阿頼耶識である。だから阿頼耶識から縁によって阿頼耶識以外の識、眼識・耳識・鼻識・舌識・身識・意識・末那識が生ずるのである。阿頼耶識は、人間の「心」の分析である。ひとりの人間に阿頼耶識として薫習されていくものは、その人だけのものである。個性といえるものである。

以上の「阿頼耶識」の解説で、自分の深層心理の理解が、つかみ得られたと思うが、どうであろうか。

唯識で「結婚」を考えると

身近な例で述べてみたい。結婚について触れてみよう。男性と女性は違う。結婚する男女の生誕、教育、家族、職業、環境などはそれぞれ異なる。違った個性が結婚するのである。したがって自分と考えが同じの異性はいるはずがない。

今、結婚の問題を、唯識で述べるとどうなるのであろうか。男女共に、阿頼耶識に薫習されているものが同じであるはずがない。違う個性がぶつかり合う、喧嘩となり、ひいては離婚となることもある。

だが逆に、1人ひとりが違う個性を持っていることを理解し、そこから始めれば、かえって同じフィーリングが見出せるものだ。もともとお互いが、相手と自分は違うと認識しているのに、相手と自分が合うものが見出せるのである。不思議なものである。その数が多くなれば、しめたものである。幸福度がますます増してくる。相手の個性を認めながら、喧嘩はなくなるのである。

仏教は、生活に役立たねば意味がない。「唯識」を学んだことは、私にとっては、どのように役立っているのだろう。

私の阿頼耶識に、生まれてこの方の無量無数の経験が薫習されている。その一つひとつの植えつけは、植物の種子にたとえて「種子《しゅし》」と呼ばれる。

私が女房の父親の弟子となり、養子として結婚したのは、学問をしたいからであった。子供が生まれることとなった。3人の子供を授かった。男ばかりである。3人の子育て教育は、女房任せであった。大学に就職していたが給料は安かった。その中で我等5人の生活費を親父にわたしていたので生活は最初からパンクしていた。私は、学問するためにこの結婚をきめたので、これは譲れない。時間は好きなように使った。女房名義の口座に直接給料を振り込んでもらっていた。だから私は、就職当時から今日まで給料については一切知らない。子供に玩具も買えなかった当時を思い出すと、女房の苦労は大変だっただろう。私は女房の立場を考えていなかったのだから。食事、洗濯、子供の世話などしたことがない。これが私の生活であった。

80歳となり、今思うと女房には迷惑をかけてきた。唯識思想を研究して今は反省しきりである。自分の過去の行動を振り返ると「男女の個性はそれぞれ違うことを知ることが、円満の秘訣です」なんていえる自分ではない。唯識思想を知ると、相手の深層心理が理解できる。唯識思想は、このことを教えてくれるのである。

今私がいえることは「己の欲するところを、人にほどこせ」「己の欲せざるところを、人にほどこすな」ということであろうか。

私の疑問、「脳死」と「阿頼耶識」

「阿頼耶識」という深層に、記憶が「種子」として「薫習」されていることが理解できたと思う。「唯識」からの分析を終えたところで私はふと思う。先で述べた「臓器移植」のことである。　改めて「脳死状態」とは、何なのか、と。

「植物状態」と「脳死状態」の違いを、今一度考えよう。

「植物状態」とは何か。植物状態の人は、心臓は動いているし、呼吸も自分でできる人が多い。自分で話をしたり起きたりすることはできない。だから眠ったように見える。まれに治る可能性もある。「大脳」と「小脳」は死んでいるが「脳幹」は生きているからである。

「脳死の状態」とは、大脳と小脳だけでなく脳幹も死んでしまっている。だから医学ではもとに戻せない。自分で呼吸はできない。呼吸ができないので、放っておくと心停止となる。人工呼吸器を使うと呼吸が可能となるが、長い間は続かず通常数日以内に心臓は停止する。

果たして脳死は、人の死か否か。その答えは1つではない。

人間が「植物状態」、また「脳死状態」のとき、人の身体で「阿頼耶識」から発せられる心は、どのように展開しているのであろうか。「大脳」が死ぬ、「小脳」が死ぬ、そして「脳幹」が死んでいく。その過程において、「識」（こころ）との相関関係は、いかなる説明ができるのか。これは私への問いである。

医学から「脳死状態」を見るとき、仏教から「脳死状態」を見るとき、「死」に対する基本的な捉え方の中で、つねに私は「阿頼耶識」を問うのである。

第5章　仏教経典の中に救いを見出す

大乗経典の思想では「救い」をどう説くか

第4章で、『成唯識論《じょうゆいしきろん》』の唯識思想について触れた。仏教経典には、人間を救うことが説かれているが、僧侶は、一般に経典を読むだけである。各々の経典に何が書かれているのかを吟味することは少ない。

ここでは、大乗経典の思想に、救いがどのように説かれているかを探りたい。破天荒な思いつきであり、目標があまりにも高いので簡単な指摘に留まるが、おおむね大乗《だいじょう》経典の性格を記すことができればと考えている。

仏教は、およそ2500年前にインドで興《おこ》った。釈尊《しゃくそん》の悟りである。大乗仏教は、紀元後1世紀に成立した。自らを革新仏教として「大乗」と称し、従来の部派仏教を「小乗《しょうじょう》」とおとしめて呼んだ。小乗は自利にのみ走り、一般の在家信者を顧みない傾向があるとした。大乗は自らが仏陀（ブッダ）になると共に、あらゆる人々を悟らせ、救済しようとする慈悲を強調し、救いが大きい（つまり「乗物が大きい」）としたのである。

今、救いという立場から大乗経典を見ていこうとしているが、仏教は釈尊から始まるので、釈尊については、例外として述べておかねばならない。

釈尊の悟りとは何か

仏教の始まりは、釈尊の悟りである。釈尊は、前463年ころ（異説が多い）に、ネパール釈迦族《しゃかぞく》の中心地であるカピラ城の国王である浄飯王《じょうぼんおう》の長子として生まれた。紀元前6世紀前後のことである。釈尊の時代には、まだ文字はなかった。もっとも古いとされる漢訳された仏教聖典の『阿含経《あごんきょう》』や『律蔵《りつぞう》』の中にも、釈尊の伝記は説かれていない。ただ釈尊が折に触れて説法をされたという記録、伝記を集めて、仏伝《ぶつでん》として釈尊の伝記的なものがつくられている。

ここでは仏伝を述べるものではないので、釈尊の伝記については、中村元《はじめ》先生の『ゴータマ・ブッダ』と渡辺照宏《しょうこう》先生の『新釈尊伝』、宮坂宥勝《ゆうしょう》先生の『釈尊』を紹介しておこう。

問題は、古代インドにおける4種類の社会の階級「四姓《しせい》」についてである。四姓には、次の4つがある。

①婆羅門《ばらもん》（梵語《ぼんご》ブラーフマナの音写）、バラモン教の僧侶及び学者である司祭《し》階級。
②殺帝利《せっていり》（梵語クシャトリヤの音写）、王族の階級。
③毘舎《びしゃ》（梵語バイシュヤの音写）、農工商をつかさどる平民階級。

④首陀羅《しゅだら》（梵語シュードラの音写）、奴隷の階級。

釈尊は、③のクシャトリヤの階級である。

四姓の問題とは、ヒンドゥー社会を構成しているカーストの社会体制が、古代から今日まで閉鎖的な社会単位として続いていることである。各カーストには、職業の選択や結婚、共同体の宗教行事への参加の仕方に独自な規則と慣習がある。自分がかかわるカースト内で満足するならば、生活が保障されることとなっているようである。

古代インドの文献に示されたカーストは、婆羅門の立場から示された社会の理想像である。現代のカーストは、部族、職業、各地方の種々の要因から派生した実質的社会集団であるという。現代インドの憲法は、カースト差別を禁止しているが、実質は現代も強力に機能しているのである。

釈尊が始めた仏教は、このカースト制度からの離脱であり、人間誰もが同じであるという自由であった。革命的な思想である。そのために多くの者が、仏教に改宗した。現代も同じである。

現在、インドは急激に仏教徒が多くなっている。佐々井秀嶺《しゅうれい》師によれば、日本の総人口より多い1億5000万人にのぼる仏教徒がいるとされる。仏教徒の指導者としてマハトマ・ガンディーは有名であったが、現在指導者として「バンテー・ジー（上人様）」と呼ばれ、もっとも慕われている人に日本人の佐々井秀嶺師がいる。師は、故ラジブ・ガンディー首相からインド名アーリア・ナーガールジュナを贈られた。

仏教徒の多くは、やはり最下層の人民であり、ヒンドゥー教のカースト制度にあえいでいる人たちである。師の行動は、世界的に高い評価を受けている（『必生 闘う仏教』／佐々井秀嶺、集英社新書）。カースト制度は、今もなお続いているのである。

四門出遊

さて、話を釈尊に戻そう。釈尊の出家の動機として「四門出遊《しもんしゅつゆう》」（四門遊観）ということが伝えられている。釈尊は当時の王族として必要な教養、学問・技芸を習得し、非凡な才能を持っていたといわれる。釈尊は政治的な地位と物質的な享楽という点では恵まれていた。宮殿は、夏用、雨季用、冬用として３つあったという。雨季の４か月は宮殿において女性だけの技楽を楽しんだともある。しかしこれに満足しなかったようである。

仏伝にいう。あるとき、農祭があった。若い王子は、父親や大臣と共に座席について牛が田を耕すのを眺めていた。鋤《す》き起こされた土の中から、小さな虫が這い出してくる。それを見つけた小鳥が虫をついばみ飛び去る。その鳥を狙って大きな猛鳥が、襲いかかる。この光景を眺めた釈尊は、「生きものの相食《あいは》み合っている」と嘆息したという。

少年時代から、人生の問題に深く悩むこともあったようである。生母マーヤー（摩耶《まや》）夫人《ぶにん》は、産後の経過が思わしくなく、7日目に世を去られたとされる。その淋しさのためかもしれない。

釈尊はあるとき、東の城門より郊外に出られた。そこで髪は白く、歯は抜け落ち、腰は曲がった老人を見る。釈尊は「あれは誰か」と尋ねる。従者は、「人間は誰でも歳をとれば、あのように醜《みにく》くなるのです」と答える。釈尊はショックを受け、王宮に引き返したという。

あるとき、南の城門を出ると、そこに病《や》み衰え、苦しみあえいでいる病人を見る。釈尊は「あれは何か」と尋ねる。従者は、「生きている人間は、誰でもあのように病気にかかり苦しむのです」と答える。釈尊はショックを受け、王宮へ引き返したという。

あるとき、西の城門から出ると、死人を見る。釈尊は「あれは何か」と尋ねる。従者は、「死人であり、人は必ず死ななければなりません」と答え、死の意味を教えるのである。

またあるとき、北の城門より出て郊外に行ったときに端正な姿で歩いている者に出会う。釈尊は、「あれは何者か」と尋ねる。従者は、「あの者は道を求めて出家し、生死の迷いを超越した修行者です」と答える。釈尊は「誰しも修行すれば、あのようになるのか」と尋ねる。従者は、「その通りであります」と答える。

以上が、「四門出遊」の物語である。ここで釈尊は、「あれは誰か」、「あれは何か」と従者に問うている。宮殿内では、王子である釈尊が行動する先々は、掃き清められて清潔であったという。「四門出遊」の話が実際にあった出来事か、仏伝作者の創作であるかは問わないが、宮殿外で見たことは、よほどのショックであったようだ。釈尊が城門外で見た老病死が、「苦」ということであったことは間違いない。その苦を持つ人間として生まれたこと、そのこと自体もこれまた苦として捉えられた。人間として生まれた釈尊が、老病死からの離脱として修行者を見たのである。釈尊の出家の動機は、四苦からの解脱《げだつ》であった。

ここに仏教の始まりがある。つまり釈尊は、生老病死を四苦として捉えたのである。このことは、２５００年の間続き、今日に至っても変わることはない。「仏教の原典は、生老病死を四苦として捉えた」。このことは、今一度いっておきたい。

仏教では、よく「四苦八苦《しくはっく》の苦しみ」という。八苦とは、四苦（生老病死）と、愛する者と別れる苦（愛別離苦《あいべつりく》）、憎《にく》む者と会う苦（怨憎会苦《おんぞうえく》）、求めて得られぬ苦（求不得苦《ぐふとくく》）、五陰《ごおん》が執着《しゅうじゃく》されていることから起こる苦（五陰盛苦《じょうく》）を加える。最後のものは、前の七苦を総括する苦である。

私たち僧侶は、誰もが釈尊伝を勉強している。これは僧侶の常識である。だから釈尊の「四門出遊」の話は、僧侶の共通認識であるのだ。その内容は「生老病死」を「苦」と捉えていることである。

四諦八正道

本書が必要とするところは、釈尊の悟りである。釈尊は、城を出て修行林に入る。6年間の苦行ののち、苦行は無意義であることを知って中止し、ナイランジャナー河（尼連禅《にれんぜん》河《が》）で沐浴後、村の娘の捧げる乳糜《にゅうみ》（牛乳で調理した粥）を飲み体力を回復した。それからブッダガヤー（仏陀伽耶）のアシュヴァッタ樹（無花果《いちじく》。この樹を菩提樹《ぼだいじゅ》という）のもとで瞑想し、ついに35歳で悟りをひらいた。仏陀（ブッダ）となったのである。仏陀となった釈尊が鹿野苑《ろくやおん》において行った最初の説法（初転法輪《しょてんほうりん》）が「四諦八正道」である。

四諦とは、4つの真理のこと。苦諦《くたい》（この世界は苦である）・集諦《じったい》（欲望の尽きないのは苦である）・滅諦《めったい》（欲望が滅した状態が理想の境地である）・道諦《どうたい》（理想の境地に至るには8つの正しい修行方法 八正道《はっしょうどう》 によらなければならない）である。

煩悩や苦しみをなくすには、まず、それらをありのままに受けとめ、そして乗り越えねばならない。8つの正しい道とは、次のごとくである。

1　正見《しょうけん》（正しい見解を持つこと）

2　正思惟《しょうしゆい》（正しい思いを持つこと）

3　正語《しょうご》（正しい言葉を語ること）
4　正業《しょうごう》（正しい行いをすること）
5　正命《しょうみょう》（正しい生活をすること）
6　正精進《しょうしょうじん》（正しい努力をすること）
7　正念《しょうねん》（正しい心の落ち着きを保つこと）
8　正定《しょうじょう》（正しい心の統一を行うこと）

八正道は、釈尊の教えの重要なものである。しかし「正しい」とはどういうことかの具体的な主張は見られない。釈尊の時代には文字はない。釈尊の説法を伝える最古の文献としては、『スッタニパータ』や『ダンマパダ』（『法句経《ほっくきょう》』）があるという。そこでも説法の内容は、煩悩の妄執《もうしゅう》から離れることを説くものであるという。最後の説法で弟子のアーナンダに示した内容も「自らを灯明《とうみょう》とし（自灯明）、法をよりどころとせよ（法灯明）」という言葉であったとされる。

簡単にいえば「悪いことをせずによいことを実践し、自己の心を清めること、これが仏陀の教えである」ということである。釈尊は80歳で入滅《にゅうめつ》する。釈尊が興《おこ》した仏教は大きな集団になっていった。それは教理のやさしさであったとはいえるが、一方のカースト制度からの離脱により平等主義の仏教に身をおく自由へのほうが大きな原因であったと見るべきであろうか。

このことは、自分が生まれたカーストから抜け出せない「業《ごう》」の問題がのしかかっているともいえよう。カーストの問題は、インドで生まれた人にとっては、釈尊の時代から今日まで変わらない掟《おきて》である。ちなみに手塚治虫のマンガ『ブッダ』は、一読の価値がある。

雪山童子の物語

釈尊の前世を説く物語をジャータカという。これは仏陀（ブッダ）が前世において菩薩として数多くの善行を積んできたという形で語られている。雪山童子《せっせんどうじ》の物語もその1つ。

昔々、常に真実を求め続け、それを人々に広めることを願っていた雪山童子という名の少年がいた。ヒマーラヤの奥で修行をしていると、恐ろしい羅刹《らせつ》の姿をした食人鬼が、不思議な詩を唱えているのを耳にした。「諸行無常《しょぎょうむじょう》　是生滅法《ぜしょうめっぽう》」と、それを聞いた童子は、この詩には、仏の教えの根本ともいえる真理が入っていると直感し、鬼の前に進み出て、詩の続きを教えてくれるように頼んだ。しかしその鬼は空腹であったので、童子を食べることと引き換えなら、詩の続きを教える、といった。

童子が、約束は守ると誓うと、鬼は続きを唱え始めた。「生滅滅已《しょうめつめつい》　寂滅為楽《じゃくめついらく》」と。童子は大いに喜んで、この詩を多くの人に伝えるために石に刻み込むと、約束通り鬼の口に身を投げ入れた。すると鬼の姿は、たちまち帝釈天《たいしゃくてん》に変わり、童子を地上に降ろし、童子を礼拝《らいはい》したのであった。この雪山童子こそ、釈尊の過去世の姿であった(『大般涅槃経《だいはつねはんぎょう》』)。

この物語は、日本の「いろは歌」と重ねて知られている。

◆諸行無常（諸行は無常なり）　いろはにほへと　ちりぬるを
（色は匂へど　散りぬるを／咲き誇る花も、やがては散りゆく）

◆是生滅法（これ生滅の法なり）　わかよたれそ　つねならむ
（わが世誰ぞ　常ならむ／世に常なるものはありえない）

◆生滅滅已（生滅を滅し已わりて）　うゐのおくやま　けふこえて
（有為の奥山　今日越えて／苦しい迷いの奥山を、今乗り越えて）

◆寂滅為楽（寂滅を楽となす）　あさきゆめみし　ゑひもせす
（浅き夢見じ　酔ひもせず／迷夢に酔うことのない世界に出た）

生れた者は必ず死ぬという教えは、悲しいと思うかもしれないが、悲観も楽観もない、この世の真実である。この真実をあるがままに受け入れたとき、今の自分に対しておごることなく謙虚《けんきょ》に感謝し、迫りくる死に対しては恐れることなく、今ここにいるこの人生を、精一杯生きようとする安らぎが開ける。

大乗仏教の出現

仏教は、２５００年前にインドで興こった。釈尊入滅後、正統教団としての部派仏教では、修行して仏となるということはあまり説かれていない。部派仏教では、修行の最後の地位は阿羅漢《あらかん》になることであり、自分が執着《しゅうじゃく》を断つことを目標としていた。

大乗仏教の教えは、『般若経《はんにゃきょう》』、『華厳経《けごんきょう》』、『法華経《ほけきょう》』、『無量寿経《むりょうじゅきょう》』といった経典となっていった。釈尊の教えというよりも、悟りを開いて人々を救済した釈尊と同じ仏になろうとすること（修行）、またその教え（教理）を説こうとしたのである。

大乗仏教ではこの修行者を菩薩と呼んだ。菩提薩埵《ぼだいさった》（ボーディサットヴァ）の略である。大乗仏教に帰依《きえ》し、菩提心（悟りを求める心）を起こした者は、すべて菩薩と呼ばれる。

『般若経』の智慧とは

単に『般若経』という名称の経典があるわけではない。『般若経』というのは、「般若波《はんにゃは》羅蜜多《らみた》」を最重要と説く経典群の総称である。その経典群でもっとも基本となる『般若経』

は『八千頌般若経《はっせんじゅ》』である。「八千頌」とは、八千の頌（詩）から成り立っているというわけではなく、長いという意味である。玄奘《げんじょう》訳の『大般若経』は、さまざまな種類の『般若経』を集めて全６００巻とした。日本ではこれが一番有名である。

『般若経』に説かれるのは、般若すなわち智慧《ちえ》である。大乗の菩薩が、ひたすら大悲の活動（苦しみを除く活動）を行って、智慧を説く。

智慧として説かれる１つの論理として「因縁和合《いんねんわごう》」（縁起説《えんぎ》）の内容を紹介しよう。一切のものは、因や縁によって生じるという考えである。ここでは、勝れた力量を持つダルモードガタ（法上《ほうじょう》）菩薩が、ある求道者《ぐどうしゃ》に語る形をとっている。

善男子《ぜんなんし》よ、例えば弦楽器の音は、生じつつあるとき、どこからくるものではないし、消えつつあるとしても、どこへ行くのでもなく、どこへ過ぎゆくのでもありません。因や縁の完全な和合によって生じるのであって、因によるものであり、縁によるものです。例えば（弦楽器の）木の銅を縁とし、皮を縁とし、弦を縁とし、棹《さお》を縁とし、柱を縁とし、撥《ばち》を縁とし、人のそのさばきを縁として、このようにこの弦楽器の音は因によるものであり、縁によるものとして、発生するのです。そしてその音は木の銅から発生するものでもなく、皮・弦・棹・柱・撥からでもなく、人のそのさばきから音が発生するものでもないのです。しかしながら、すべて（の因縁）の結合から音が仮に設定される（言語表現される）のです。（同様に）消えつつある音も、どこへも行かないのです。（『「覚り」と「空」』――インド仏教の展開　竹村牧夫著　講談社現代新書137頁）

とある。管楽器の「音」は、因や縁の完全な和合によって生じるのであるとする。このように般若の智慧とは、因縁によるものであり、不生・不滅は真実であると説くのである。

『般若心経』

　私たちにもっとも知られる『般若心経』も『般若経』のひとつである。

古来『般若心経』は、この般若経典群の大部のエキスを説いた独自の経典であるとする。もっとも濃密な解説であるといえる。

第3章で、六根《ろっこん》（眼《げん》・耳《に》・鼻《び》・舌《ぜつ》・身《しん》・意《い》）、六境《ろくきょう》（色《しき》・声《しょう》・香《こう》・味《み》・触《そく》・法《ほう》）について、その考え方に触れた。私たちが生きている根源を求めたかったためである。生きていることは楽しいと思いたい。その原因が六根・六境にあった。

　しかし楽しいことばかりではない。この六根・六境がそのまま苦しみをつくり出す原因である、と説くのが『般若心経』である。皆さんは、このことに気づいたであろうか。仏教では、この六根・六境において起こる苦しみを「煩悩《ぼんのう》」と呼んでいる。

楽しいはずの原因・行動が、なぜ苦しみとなるのだろう。それは自己中心の考え、それに基づく「事物への執着《しゅうじゃく》」から生ずる。執着が身心にまといつき、心をかき乱す。煩悩のもとはここにある。煩悩も限りなく種々雑多であるが、その根本は貪《とん》（むさぼり）、瞋《じん》（いかり）、痴《ち》（おろか）である、と説く。

つまり仏教は、煩悩に気づき、これから離れることを説いているのである。修行することで離れるのであるが、『般若心経』では、「無《む》」の字を用いて否定することによって、その煩悩を打ち消していく。つまり「無眼耳鼻舌身意、無色声香味触法」となったのである。六根・六境を「無」「空《くう》」にした境地を「悟り」として解決したのである。「煩悩（執着）を離れて清浄になること」（六根清浄）、これが悟りである、と説くのである。

仏教経典の中で『般若心経』は、一番多く解説本がある。その中で見つけた興味ある例示を紹介させていただきたい。


禅の世界には、こんな話があります。

ある禅僧が、３人の弟子を連れて旅をしていました。川があって、禅僧たちは川を渡るのですが、そのとき、川岸に女性がいて、困っていました。女性は着物をたくし上げることができないので、困っていたのです。

美しい女性でした……ということにしておきます。

彼女は和尚さんに、自分を抱いて向こうに渡してくれと頼みました。

「おお、よしよし」

と、禅僧は気軽に頼みを引き受け、彼女を抱いて川を渡ります。

川を渡ったところで女を降ろし、禅僧たち一行と女性は左右に別れました。

それから一里ばかり行ったときです。弟子のひとりが、和尚さんに抗議しました。

「和尚さん、日頃はわれわれに女を遠ざけよと説教しながら、先程は女を抱かれました。和尚さんの言動は矛盾しています！」

ほかの2人の弟子も、口々に和尚を非難しました。彼らはずっと、和尚さんが女性を抱いたことを、じくじくと考え、悩んでいたのです。

ところが、お弟子さんたちの抗議に、和尚さんはこう応えました。

「なんだ、おまえたちは、まだあの女を抱いていたのか!?　わしはとっくに降ろしてきたぞ！」。『ひろさちやの般若心経　88講』（新潮社）の第39講より。

他人が困っているとき、自分ができることをするのは、当然であろう。禅僧は、自分ができることをしたまでであって、執着を離れていたということであろう。

『般若心経』は、奈良時代から今日まで、もっとも多く世に出ている「独立した経典」である。私がいいたいのは、『般若心経』は、『般若経』のエキスを説いているというのに、『般若経』と『般若心経』との関係が不思議にも説かれていないことである。

ところが最近この問題を説いた『般若心経』の解説書を見つけて、目から鱗《うろこ》が落ちた。私の友達である『般若経』研究の第一人者、小峰彌彦《こみねみちひこ》氏による『般若心経の神髄――般若経の思想と空海の解釈』（里文《りぶん》出版）である。密教の立場からの解釈で、やさしい表現であり理解しやすい。『般若心経』は空海も解説している。『般若心経秘鍵《ひけん》』がそれである。

『般若心経秘鍵』

『般若心経秘鍵』は、空海が『般若心経』を解説した著である。日本には、奈良時代にすでに悉曇の『般若心経』が伝わっている。その最古のものが大和法隆寺に保存せられている。空海は漢訳には羅什三蔵訳、玄奘三蔵訳、義浄三蔵訳、法月三蔵訳、般若三蔵訳があるが、自分は羅什三蔵訳を用いて解釈を試みたとしている。しかし実際には、現に私たちが唱えている玄奘三蔵訳を用いている。

一般に『般若心経』の解釈は、大般若経の心要を略出しているがゆえに、般若心経と名づけている、決して大般若経と別種のものではない、としている。しかし空海は、梵語の原本と合わせると、この解釈は浅い理解であるとするのである。そこで密教の立場より独自の解釈をしていくのである。つまり、三摩地の法門に入られた空海が、その三摩地の中から『般若心経』を解説しているのである。

解説は、順次玄奘の般若心経によっているが、般若心経を5分《ぶん》に分けて密教的解釈をしている。

一、人法総通分《にんぽうそうつうぶん》。二、分別諸乗分《ふんべつしょじょうぶん》。ここを5つに分て、建（華厳）、絶（三論）、相（法相）、二（二乗）、一（天台）とする。三、行人得益分《ぎょうにんとくやくぶん》。四、総帰持明分《そうきじみょうぶん》。五、秘蔵真言分《ひぞうしんごんぶん》である。

『般若心経』を5つに分かつことは、空海の創見であり、他にその例はない。

般若心経の巻末は、掲諦《ぎゃてい》掲諦の真言が説かれている。法蔵や円測の如きは、この真言を、「渡《わた》れ、渡れ、彼岸に渡れ、彼岸に渡り竟《おわ》る、菩提よ」との意味で解している。つまり、般若波羅蜜多たる到彼岸の旨趣を示すに、呪を用いたとしている。しかるに、空海は、古来のこの心経観にあきたらず、「釈家多しといえども、いまだにその幽を釣らず」として、到彼岸の意義を説いたものはなく、大般若菩薩の体験の境地を如実に示したものであるとするのである。つまり掲諦を「行きつきたる果」のことであるとし、「行果」と訳している。

真言は「行果よ、行果よ、最勝の行果よ、最勝完全な行果よ、覚りよ、成就あれ」としたのである。大般若菩薩の内証を説いたものであるとするのである。ここに空海の創見があるのである。

『華厳経』の智慧とは

『華厳経』は、１つのまとまりをもった大部の経典である。菩薩道が説かれており、一番理解しやすいのは「入法界品《にゅうほっかいぼん》」の善財童子《ぜんざいどうじ》の求道《ぐどう》遍歴の物語である。

善財童子（スダナ・シュレーシュティ・ダーラカの訳）は、福城長者の子であるが、愛着にとらわれ、疑心が強く智慧の目が曇り、苦しみの海に沈んでいた。文殊《もんじゅ》菩薩の説法を聞き、発心して、私の目を覚ましてほしいとお願いする。そこで53人の善知識《ぜんちしき》を歴訪するのである。道中でさまざまな師と出会いながら知識を蓄えていく。師には、長者、医師、婆羅門、外道、また女性は20人いた。謙虚に教えを受け、一途に教えを求めるその姿は、求道の理想的な行動といえる。善財童子は最後に弥勒《みろく》・文殊・普賢《ふげん》と訪ね、真実の知慧を体得したのである。この話は、日本でも知られ偈賛《げさん》、図説、文学の素材となっている。『華厳五十五所絵巻』（東大寺所蔵）、「渡海文殊群像」（安倍文殊院所蔵）などがある。

華厳とは、悟りを開いた釈尊の仏国土のことである。そこにはあらゆる宝やさまざまな花によって、国土が飾られているという。「蓮華蔵《れんげぞう》世界」といわれる。説明を加えると、釈尊（毘盧遮那仏《びるしゃなぶつ》）のまわりに多くの菩薩が集まってきて坐している。菩薩の中で、釈尊の眉間《みけん》から放たれる白毫《びゃくごう》の光を受けた普賢菩薩が、釈尊の神力を受けて説法しているのである。

普賢はここで「蓮華蔵世界」について述べる。1つの塵《ちり》の中に、宇宙のすべてを見る、この世界が幾重にも幾重にも、重なっている、という内容である。つまり壮大な宇宙観を説く。「一即一切《いっそくいっさい》」「一切即一《いっさいそくいち》」という思想である。

奈良の東大寺は華厳宗の大本山である。大仏（毘盧遮那仏）は、この思想を具体化したものである。すなわち大仏が坐す蓮花座の蓮花一枚に仏の宇宙の世界が描かれている、その蓮花が幾重にも重なり、蓮華蔵世界の宇宙を表現しているのである。

華厳経は、1つひとつの事象が無数に広がっていくという「重々無尽《じゅうじゅうむじん》」の世界を説く。華厳の世界観、「無礙法界《むげほっかい》」の世界の表現が、そこにあるのである。

奈良の大仏を前にして、その蓮弁に線描されたこの華厳の世界を観じるのは、人間の心である。『華厳経』には「心は諸々の如来をつくる」とも表現されている。

改めて、奈良の大仏の前に立ち、華厳の世界観を感じていただきたい。

『法華経』の智慧とは

『法華経』は、日本人にとってもっとも多く一般の人たちに影響を与えている経典である。現存の漢訳本は、竺法護《じくほうご》訳『正《しょう》法華経』（10巻）、鳩摩羅什《くまらじゅう》訳『妙《みょう》法蓮華経』（7巻、のち8巻）、闍那崛多《じゃなくった》・摩笈多訳『添品《てんぽん》妙法蓮華経』（羅什訳の補訂）の3本があるが、羅什訳がもっぱら用いられてきた。

蓮華は、泥中で育ち、泥に染まらず、美しい花を咲かす。菩薩も蓮花と同じで、世間の泥中にあって、これに染まらず清浄の花を咲かせる。

一般に法華七譬《しちゆ》といい譬喩《ひゆ》を多く説くから、私たちに馴染《なじ》みやすい経典といわれるのであろう。譬喩を紹介してみよう。

▼三界火宅（三車火宅）のたとえ

ある町で、大家族を持った長者が、古い大きな家に住んでいた。ある日、その家が火事となった。長者は外に出たが、長者の子供たちは、家の中で何が起きているかわからず遊んでいた。そこで長者は、「外には羊・鹿・牛のひく車があるぞ」と子供たちを外に連れ出し、火事から救うことができた。

子供たちに与えられたのは、宝石で飾られた素晴らしい牛車（一大白牛車《いちだいびゃくごしゃ》）であった。

この譬喩は、火は煩悩にほかならない。羊・鹿・牛の三車《さんしゃ》は、方便としての三乗の教え（小乗）であり、一大白牛車は、一乗の教え（大乗）である。つまり「一乗真実・三乗方便」ということを説明している。

▼長者窮子のたとえ

ある大富豪の息子が、幼いときに家出をした。父のことを忘れて貧しい生活にすっかり慣れたころ、大富豪である父は乞食《こつじき》をしている息子（窮子《ぐうじ》）を見つける。大富豪は息子を家に連れ戻すが、息子は、豪壮な家を恐れて逃げ出してしまった。父親はまた連れ戻し、息子に対し、まずは便所掃除の仕事を与え、やがて資産の管理をゆだね、子供が成長したのを見届けて、臨終の床で人々に彼が実の息子であることを明らかにして、一切の財産を相続させた。息子は真実に目覚めて大いに感謝した。ここでの大富豪は釈尊であり、息子とは大衆である。釈尊が、方便を用いて、仏教に誘引していくことをいっているのである。

▼化城のたとえ

困難な沙漠の路を行く隊商の指導者が、途中で幻の城を出現させて、部下たちに希望を抱かせ、さらに目的地への旅を続けさせたというたとえ。

以上のように種々の方便をめぐらしてまで救おうとするのが大乗の教えであるというのである。

現実に、私たちは「嘘も方便」とよくいう。大乗のこの教えを理解しての嘘であれば、それも許してくれるのではなかろうか。最近の政治家の、「記憶にございません」、「記録にございません」、また忖度《そんたく》の発言などは、方便の嘘とはいえない。悲しい社会となった。確かに過剰に自信を持ちやすい職種からの行動は驕《おご》りとなり、自信があるがゆえに禍を招く。「南無妙法蓮華経」とお唱えし心を浄化しよう。『法華経』の慈悲で目覚めよう。

『無量寿経』の智慧とは

『無量寿経』は、浄土三部経（『無量寿経』『観《かん》無量寿経』『阿弥陀《あみだ》経』）のうち最大で、内容も詳しい。曹魏《そうぎ》の康僧鎧《こうそうがい》の訳とされる。阿弥陀仏の本願を明らかにする経典である。阿弥陀仏の名は、無量光《むりょうこう》（アミターバ）・無量寿（アミターユス）という意味のサンスクリットの音写である。

この経典は、日本の仏教では浄土信仰として重要な内容を持っている。

▼法蔵菩薩の求道

あるとき、インドに世自在王仏《せじざいおうぶつ》が現れた。ひとりの国王がその教えを聞き、自分もこの仏のようになりたいという心をおこす。そして出家して修行者となり法蔵《ほうぞう》菩薩と名乗った。法蔵菩薩は、無限の時間修行を積んで四八願を成就し、無量寿仏（阿弥陀仏）となった。

仏には、その仏自身の仏国土がある。法蔵菩薩は、願い通り国土を完成したのである。その国土を名づけて「安楽」といった。安楽は極楽と同じ意味である。だから極楽浄土は、法蔵菩薩の本願が完成した浄土である。

▼極楽浄土

法蔵菩薩が修行（本願）を達成するまでの過程で、大事なところをあげると、第一九願には、念仏を聞いて、念仏を修して極楽浄土に生まれたいと願うならば、必ずその目的は達せられる、つまり極楽淨土に生まれる保証が説かれているのである。

第一八願には、極楽浄土に生まれるには、より具体的に「われ仏となるを得んとき、十方の衆生《しゅじょう》至心《ししん》に信楽《しんぎょう》して、わが国に生まれんと欲して、乃至十念《ないしじゅうねん》せん」とある。つまり十回でも南無阿弥陀仏の六字名号を唱えると、必ず極楽に生まれる、とするのである。

このこと「乃至十念」が順次一念でも念ずると「即得往生《そくとくおうじょう》」、ただちに往生すると説かれるようになる。これが法蔵菩薩（阿弥陀仏）の本願となっていくのである。

王朝貴族らが、臨終時に自分の手を五色の糸で阿弥陀仏の手とつなぎ、念仏行者たちの念仏の合唱に包まれて往生したとすること、また法然《ほうねん》の念仏活動、親鸞《しんらん》の「善人《ぜんにん》なおもて往生をとぐ、況《いわん》や悪人《あくにん》をや」も意味あるところである。

大乗仏教の慈悲の側面が、ここまで広く深く達していくのである。

第6章　密教思想の中に救いを見出す

仏教とは否定思想であり、密教とは肯定思想である

仏教と密教を「修行」から考える

仏教と密教の違いを述べてみたい。仏教とは否定思想であり、密教とは肯定思想であることを説明しておこう。富士山を例にして説明してみよう。

私たちは、自分がどこで生を得たのかは知らない。自分の誕生は自分で決められない。私は富士山の麓《ふもと》で生まれたのか、富士山の頂上で生まれたのか。誕生の場所は自分の意志ではない。このことが重要となる。

今、仮に富士山の麓は「迷いの世界」、頂上は「悟りの世界」であるとする（図参照）。

私は、富士山の麓で生まれた。縁あって仏教を信仰している私は、修行して悟りたいと考えた。そこで富士山に登ることにした。

まず登山道を調べると、いろいろな道があった。頂上への近道は直線コースである（Aの道）。しかし、この道は厳しい場所もありロッククライミングも必要である。ゆったりとした道もある（Bの道）。頂上までの距離は遠くなるが、なだらかで登りやすい。いず

〔仏教と密教（否定と肯定）〕

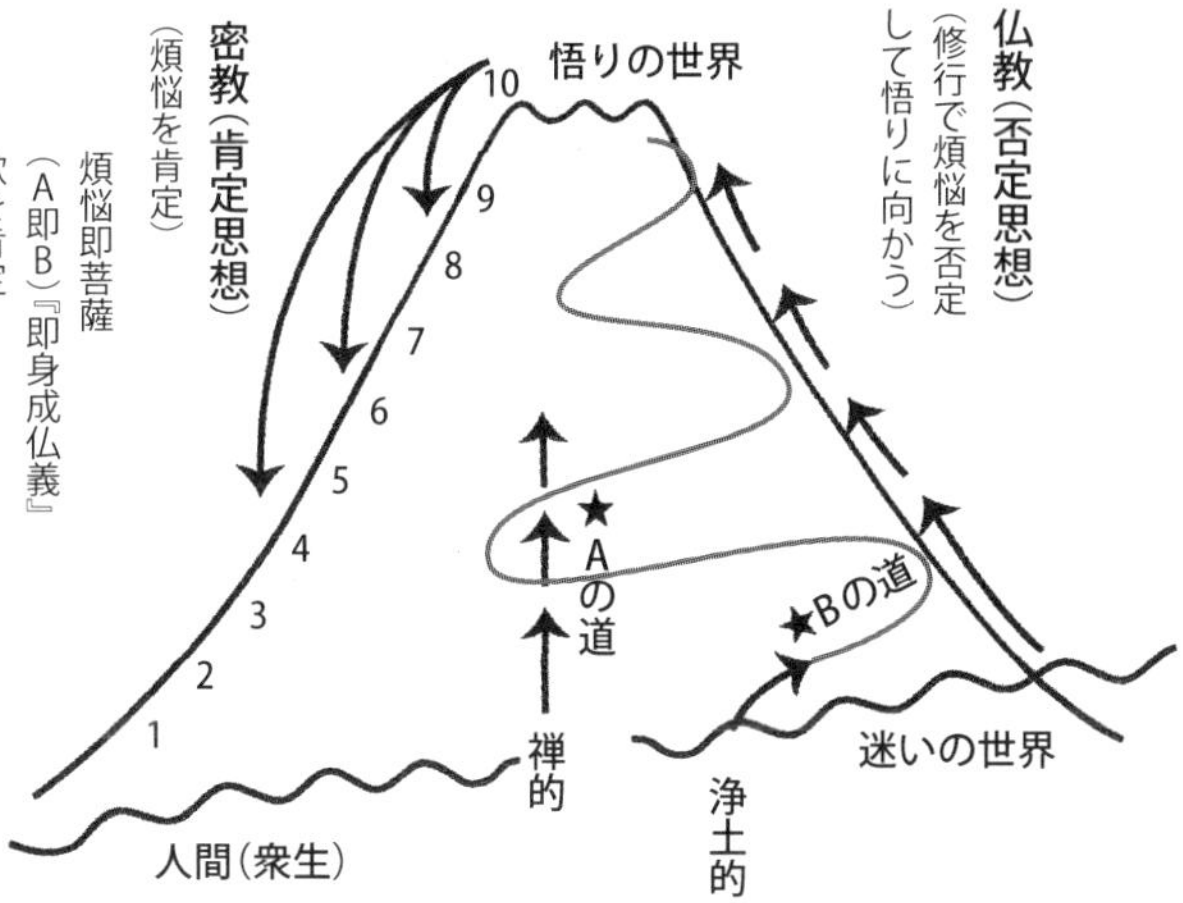

〔空から山を見る〕

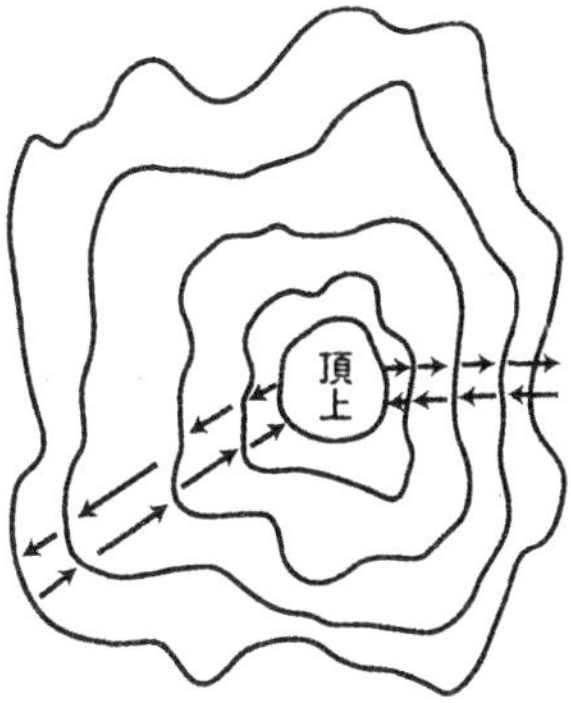

れの道も修行の道として、頂上（悟りの世界）に達する道である。どちらを選ぶかは、各自が決断しなければならない。

Ａの道を登る人は、禅的といえよう。禅宗的修行方法である。Ｂの道は浄土的といえようか。浄土宗、浄土真宗的修行方法である。しかし仏道の修行である以上、どちらも同じであるのだ。頂上を目指すこと自体が、修行をしていることであるからだ。大人、子供、男性、女性、病人など、人はそれぞれ違う。自分に合った登り方をすればよいのである。

さて、修行するということは「戒律《かいりつ》」を守るということである。出家した僧侶、在家の信者にかかわらず最初に守る戒律は、５つの戒律（五戒《ごかい》）である。

1　不殺生《ふせっしょう》（殺生しない）
2　不偸盗《ふちゅうとう》（盗みをしない）
3　不邪淫《ふじゃいん》（正常な夫婦関係以外の淫らなことをしない）
4　不妄語《ふもうご》（嘘をつかない）
5　不飲酒《ふおんじゅ》（酒を飲まない）

人間が人間としての理想を実現するためには、どのように生活しなければならないか、ということの教えである。

出家者においては最初から、次の5か条が付加され十戒となる。

6　午後に食事をしない
7　歌舞、音楽、見世物を見ない
8　装飾品で身を飾らない
9　贅沢な椅子、寝台を用いない
10　金銀を受け取らない

出家した僧侶と在家の信者とでは修行に差があるからである。また同じ僧侶のうちでも、順次差がある。正式に僧侶となったものは男二百五十戒、女三百四十八戒を守ることが必要とされる。

修行の根幹は「煩悩」を捨てるということにあるから、戒律を守ることによって煩悩を捨てながら悟りに向かうのである。

すると次の原則が起こる。

「悟るためには、～～してはならない」と。この～～が戒律なのである。よって悟るためには不殺生、不偸盗、不邪淫、不妄語、不飲酒と、順次戒律は増えていく。ここに煩悩を否定する「否定の思想」が出てきたのである。

さて、密教の場合である。

私は、富士山の頂上で生まれた。私の意志ではないのに、富士山の頂上（悟りの世界）

で生を得たのである。つまり悟りの世界に生まれた私は、何をすればよいのか。私が行うこと、そのことがすべて悟りなのである。

すると次の原則が起こる。

「悟りの世界に生まれてしまった私は、～～してはどうか」と。

つまり否定と肯定とでは主語を異にするのである。富士山の頂上で生まれたものは、自分が悟りの世界に生まれたことに気づくであろう。ここにすべてを肯定する「肯定の思想」が出てきたのである。

だから、仏教は、悟るためには煩悩を否定しながら修行する「否定の思想」であり、密教は煩悩に気づき肯定しながら生きていく「気づきの思想」である。

仏教者の行動としての修行は、禅宗の場合は坐禅である。坐禅は「只管打座《しかんだざ》」といい、ただただ座らせ邪念をなくし自分の心を見つめさせる修行である。自分で悟ろうとする意志がある「自利行《じりぎょう》」である。

浄土宗は、人間が自分の力で悟ろうとすること自体がおこがましい、すべて阿弥陀に任せてしまおうとなり、ただただ阿弥陀への信仰の深さを問うのである。理屈なしの「南無阿弥陀仏」への帰依の深さである「利他行《りたぎょう》」である。

逆転の発想となった密教の修行

密教は、人間として生まれ、生きている限り煩悩をなくすことはできない、と気づいたのである。煩悩はなくせるが、それは死んだときだと気づいたのである。だから、煩悩の生かし方を模索する、という逆転の発想となったのである。

そのための修行は「三密瑜伽《さんみつゆが》」であると、独自の修行方法を打ち出した。「三密」とは、人間の「身体」と「言葉」と「心」とを用いる。身体を限りなく仏の身体に近づけ、言葉は仏の言葉（眞言《しんごん》）を唱え、心を仏の心と同一にする、という修行である。

仏の身体とは、仏の悟りを象徴して「印《いん》」として表現する。仏は無数にいるので、印も仏の数だけある。

具体的には、「手に印を結び、口に真言を唱え、心に仏の心を感じる」となる。これによって行者は仏と同一となるのである。忍者が、印を結んでブツブツいっているような姿である。三密瑜伽という仏と合体するための真言行者の修行である。

空海以来、真言宗の僧侶は、この三密によって修行する。「四度加行《しどけぎょう》」という。四度とは「十八道《じゅうはちどう》・金剛界《こんごうかい》・胎蔵界《たいぞうかい》・護摩《ごま》」をいい、順次修行していく。行のやり方は阿闍梨《あじゃり》が行者に伝授《でんじゅ》することによって教える。これを阿闍梨から弟子に「師資相承《ししそうじょう》」するという。

「四度加行」を終えると「伝法灌頂《でんぽうかんじょう》」を受け、自らも阿闍梨となる。この行の課程が終わらないと真言宗の僧侶にはなれない。加行は、歴史的には、1年という長い時代もあったが、今日は100日が通常である。昔ながらの行であり、体力が必要なので、若年の間に行う。

密教は、仏（本尊）が多いので、その本尊ごとの拝み方がある。これなどは、四度加行を終えたのちに、必要に応じて「一尊法」として阿闍梨から「伝授」を受けていくのである。

「曼荼羅」の考え方

次に、密教の教義について触れてみよう。まず「曼荼羅《まんだら》」の考え方である。

再び富士山に登場してもらおう。富士山の頂上は、悟りの世界である。私は、頂上最上階の展望台にいる。四方を眺めると裾野までが遠望できる。頂上を中心として麓まで広がっている。北側にはまだ雪があるかと思えば、南側には菜の花だ。厳しい山肌も見られる。人間が登山してくる。厳しいルートを登っている者、緩やかなルートを登っている者がはっきり見える。

〔『大日経』〕

●曼陀羅とは　中心があって（意味をもって）広がりがある

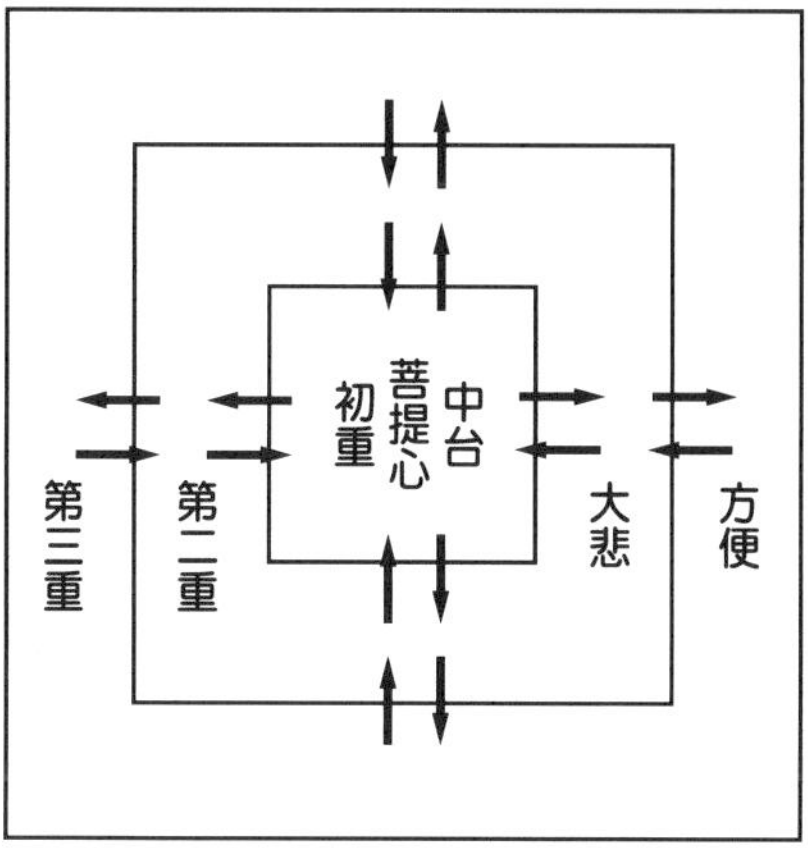

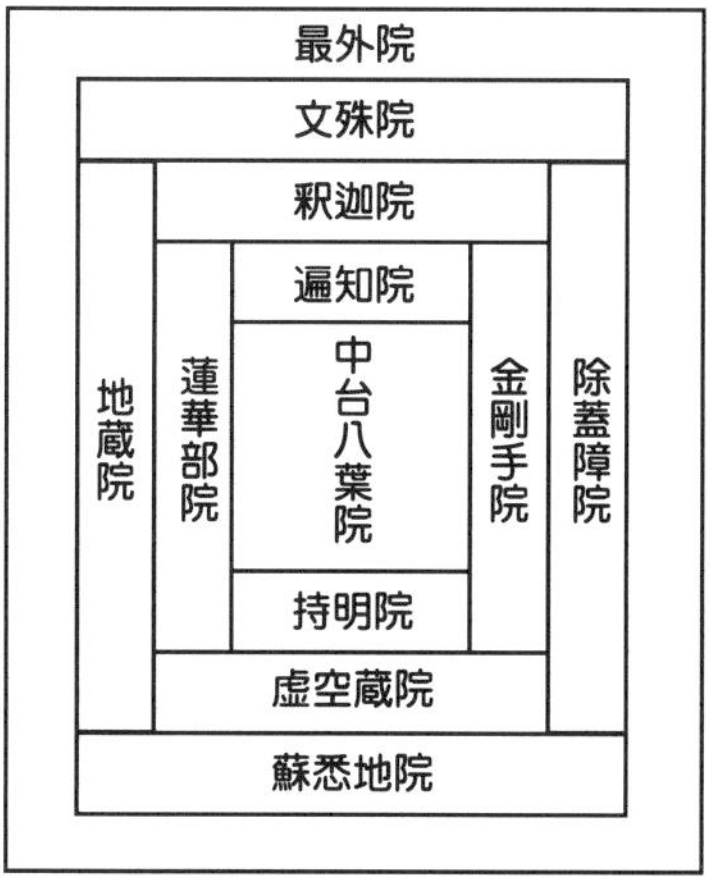

＜現図胎蔵曼荼羅＞

実はこれが曼荼羅の考え方である。「中心があって、広がっている」という考え方である。これでは単純すぎるのでいい換えよう。「中心があって、意味を持って広がっている」という考え方（思想）である。富士山の例でいえば頂上が中心である。

この考え方にそって地図を描いてみよう。富士山は静岡県と山梨県にまたがるが、今は山梨県側に頂上があるとする。山梨県を取り巻くのは、静岡県、長野県、埼玉県、東京都、神奈川県である。各県ごとに県庁があり、県知事を中心に県会議員がおり、各部署があり部長がいる。独立した県単位のシステムがある。

曼荼羅も同じである。胎蔵曼荼羅で説明しよう。中台八葉院《ちゅうだいはちよういん》が中心にある。中央に大日如来が坐している。中台八葉院を中心として、11の院が取り巻いている。すなわち①遍知《へんち》院《いん》、②持明院《じみょういん》、③金剛手院《こんごうしゅいん》、④蓮華部院《れんげぶいん》（観音院）、⑤文殊院《もんじゅいん》、⑥釈迦院《しゃかいん》、⑦虚空蔵院《こくうぞういん》、⑧蘇悉地院《そしつじいん》、⑨除蓋障院《じょがいしょういん》、⑩地蔵院《じぞういん》、⑪最外院《さいげいん》（外金剛部院《げこんごうぶいん》）がそれである。各院ごとに院の特性を持ち、中心仏がおり、院内の諸尊を管轄している。

大日如来が中心で、広がりの端の外金剛部院は、七曜、十二宮、二十八宿などと宇宙に広がっている。各尊は大日如来の顕現《けんげん》として、大日如来の仕事をするのである。曼荼羅は、壇の中心に本尊をおき、これをめぐる眷属《けんぞく》像の描き方（画像法）によって描かれるのである。

「因果思想」からの考え方

因果とは何か。一般的には原因と結果のこと。結果を生み出すものを「因」といい、その因によって生じたものが「果」である。ある結果には必ず原因がある。直接的な原因と間接的な原因がある。間接的な原因を「縁」といい、ここが大事である。

善い行為（善因）には、善い結果としての報い（善果）があり、悪い行為（悪因）には悪い結果としての報い（悪果）が生じる。これを「因果応報《いんがおうほう》」という。これは仏教の思想である。検討していこう。

【一】春になると桜が咲く。私が卒業した徳島県立川島高校は、正門の前の桜並木が美しい。在校生はこの桜の下を通り高校に通った。我が校の誇りであった。今も青春時代を懐かしく思う。春になれば、桜が咲く。桜は、現実なのか、永遠なのかを考える。極端な話、何らかの関係で桜の木が切られると花は咲かない、木がないのだから。木に虫がつき枯れると、花は咲かない。木が老木になると、桜の生命も終わる。故意に薬で枯らす場合もある。すると春になると（因）桜が咲く（果）という因果はもろくも崩れることが理解できる。

しかし春になると高校正門前の桜が咲く、と思いたいし、そうありたい。花が必ず咲くとは、いかなるときにいえるのだろうか、ということを考えたい。そしてそれは可能である。そこに「縁」という関係があるのである。桜の木がある場所が去年とまったく同じ環境であれば、花は咲くだろう。土が適温を保ち、自然災害もなく、先に書いた咲かない状況もなかったとすれば花は咲く。因果関係は成り立つ。「縁」とは、恐ろしい出来事なのである。

昨年の春、川島高校から講演の依頼を受けた。卒業以来といえようか、久しぶりに学内に入った。私たちが学んだ木造の校舎から鉄筋コンクリート建築に変わっていたが、門前の桜は昔のままであった。世代が変わった桜もあろう。花道は美しく保たれていた。同窓生も集まってくれ、おじいさん、おばあさんとなった同窓生が実に久しぶりに顔を合わせた。生徒には「空海と共に生きる」の話をした。あとは同窓生との談話、楽しいひとときであった。桜を背景に写真を撮った。気持ちが温かくなり青春時代にかえった。

【二】若者が結婚し、男女関係を持てば（因）子供が生まれる（果）。果たしてそうか。子供がほしくても男性・女性が原因で生まれない場合もある。夫婦で相談し、生まない選択をする場合もある。また結婚しなくても、子供は生まれる。すると子供が生まれた（果）ことに、「結婚し男女関係を持てば（因）」というのは、いえない。この場合は、因果関係で説明はできない。

因果思想は、仏教の思想であり、因と果の関係によって説明をつけ納得するのである。楽しいことも悲しいことも、現実を「果」とし、その原因を見出し因と果の関係で納得していくのである。

私はなぜうれしいのか、私はなぜ悲しいのか、それには理由がある、との捉え方である。

【三】自分は受験に失敗した。充分に受験勉強をこなし、合格確実な大学を選んだ。失敗するはずがない。なぜだろうと悩む。そしてハッと気づくのである。そうだ、自分のせいではないのだ。失敗した原因は父親にあるのだ。両親は受験には気を使い協力はしてくれた。しかし父親の遺伝子は、合格に可能な程度のものではない。その遺伝子を受け継いでいるので自分は失敗をした。原因は父親にある、との納得である。

したがって因と果の関係は、「逃げの思想」をつくり出していることもあるのである。人間には、「逃げの思想」が必要なときもあるのではなかろうか。これも救いの思想なのである。

私は、四十数年、多くの中国の友達と交流を続けている。中国の友達が、「逃げの思想」の意味で、自分から逃げている姿を見たことがない。受験にしても、失敗は自分のせいだとする。ここに日本人と中国人の違いを感じている。民族性の違いであろう。

いずれにしろ、因果思想は原因と結果の関係で結論を出していくのである。
因果の関係において、因と果の間に「縁」をおくことが重要であることも理解できたと思う。縁とは、因と果を外から補助する「間接的原因」である。私たちは「因縁」という仏教単語で、仏教思想を捉えている。因果の成立には、善いご縁をいただきたいものである。

さて、因果の法則を理解し、富士登山をしよう。修行の意味での富士登山である。頂上は悟りの世界、つまり「仏果」である。登山者は山麓出発を因とし、頂上の仏果に向かって登る。清浄な気持ちで登ろう。唱えるる言葉は「六根清浄」である。六根とは、眼《げん》・耳《に》・鼻《び》・舌《ぜつ》・身《しん》・意《い》の6種のこと。

眼は、何を見るのであろうか。山麓の草花、登山途中の草花は、いろいろな色を楽しませてくれよう。眼下に町が順次広がっていくのも楽しい。耳は何を感じるのか。風の音か、人の声か。鼻は大地の匂いか。舌は弁当の味か、水のうまさか。身は汗であろう。そして意（こころ）は頂上到着時の達成感の楽しさにある。登山途中で友達ができることもあろう。思わぬ助け合いのご縁。登山には、いろいろな縁が詰まっている。

ここで大事なことがある。今回の登山計画は、一回きりであるということである。つまり「因・縁・果」の関係を一回での計画で話したのである。テーマを変えれば、何回でも因果関係の話はできる。これが、仏教の因果思想であるが、次に述べる空海の因果思想とは異なる。

空海の「因果論」

因果思想は、仏教の思想であり、一回限りの因と果の関係をいっている、と述べた。果とは仏果（悟り）のことである。富士山の頂上は、仏果である。頂上より麓のほうを見ると、多くの人が登ってくる。よく見ると、登山に慣れた人もいれば、足の悪い人、若者のグループ、杖に頼る人、いろいろである。とうてい頂上（仏果）まで到達するのは、無理なことがわかる人もいる。そのような人は悟りに到達することができないのか。ここが問題となる。

空海の思想（密教思想）では、「みんな山頂を目指して努力し頑張っているね。足の悪い人、あなたは4合目で精一杯、それ以上無理です。あなたにとって4合目が仏果です。杖に頼る人、あなたは6合目で精一杯、4合目で休憩してから、6合目に来てください。それ以上無理です。あなたにとって6合目が仏果です」というのです。するとどうなるだろう。

因と果の関係は一回だけの関係ではなくなる。因と果の対立を通して、その矛盾を一層高い境地に進めるという運動・発展の姿において因果を捉えていく、いわば弁証法的関係に捉える因果となる。求道心が順次向上・発展していく過程において因果の関係を説いていくのである。

因は果（仏果）となり、その果がまた因となり果（仏果）となる、という連続をつくっていく。

因　↓　果（因）↓　果（因）↓　果（因）↓　果（因）↓仏果

ということになる。これが空海の因果論である。空海は順次10回重ねている。つまり竪に「差別《しゃべつ》」をつくったのである。

例えば力《ちから》についていては、私たちは力士にはかなわない。経験は、子供より大人のほうが多い。健康な者は重病人より体力はある。このように男性・女性・大人・子供・力の大小・得意な知能等々と人間は差別を確実にすることによって、各自に「平等」が生まれると説くのである。こうして「差別」・「平等」をセットにした思想が出てきたのである。「竪差別・横平等」という。

人間を差別《さべつ》するのではなく差別《しゃべつ》（仏教用語）するのである。差別《しゃべつ》とは、現象世界のすべてが区々別々であり、多様なものとして存在していることをいう。個々の存在があくまでも独自で、それぞれに異なる姿を持っていること、その上で「差別即平等」「平等即差別」ともいうのである。

ここから空海の「即」の思想が出てきたのである。「即」の思考は「即身成仏《そくしんじょうぶつ》」（身に即して成仏する）として発展し『即身成仏義』の著作となる。

したがって富士登山も、頂上まで登りきるのは目標であるが、4合目の人はそこに仏果があり、6合目の人はそこに仏果があるのである。空海の発想である（詳しくは拙著『空海の行動と思想』法藏館《ほうぞうかん》）。この発想は、空海の大論文『秘密曼荼羅十住心論《じゅうじゅうしんろん》』（次章で検討）へと展開していく。

空海の思想「六大無礙」

空海独自の思想は、どこから生まれたのだろうか。空海の場合、『大日経《だいにちきょう》』と『金剛頂経《こんごうちょうきょう》』によって密教思想を形成したことは確かである。その思想は、「大きな風呂敷を広げすべてのものを包み込んだようなものだ」、「南都六宗および天台密教の教学を包み込んだようなものだ」、「曼荼羅の言葉に象徴されている」などのようにいわれる。

ここでは、密教思想の基本の1つ「六大無礙《ろくだいむげ》」に触れてみたい。

倶舎宗《くしゃしゅう》・唯識宗《ゆいしきしゅう》などでは、すべての物質をつくるよりどころとして四大《しだい》（地・水・火・風）

〔バラバラの形〕

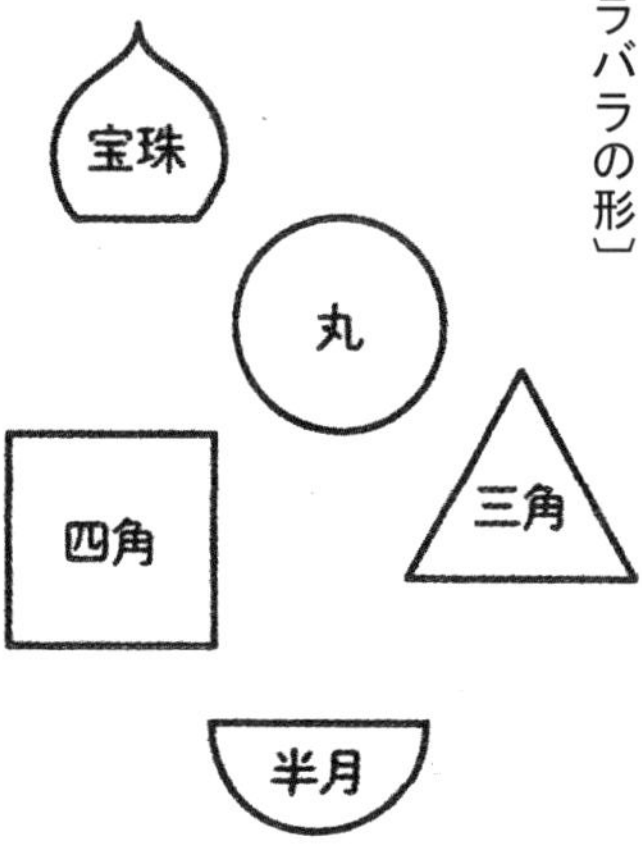

〔五輪塔婆〕

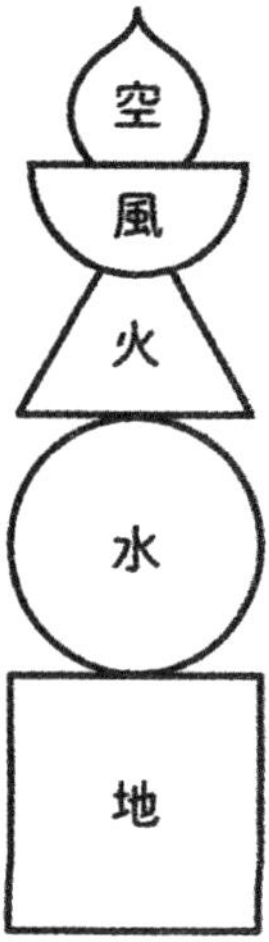

を説く。空とは虚空のことであるとする。

人間の身体でたとえると、身体は四大からなっている。病気は四大の調和が崩れたときに起こるとされる。これを四大不調和という。四大調和のときは空の状態にあり、健康で医者はいらない。すべての法則（一切万法《いっさいまんぼう》）はこれによって解決されるとしたのである。

密教の考え方（大きな風呂敷）の中には、いろいろな形が入っている。例えば四角、丸、三角、月形、宝珠は、異なった形である。

この各種の形に意味をもたせるのである。四角は「地」、丸は「水」、三角は「火」、月形は「風」、宝珠は「空」である。

また地・水・火・風・空は五大種とし、それぞれに異なった元素あるいは要素を持っていると説いたのである。

〔六大無礙〕

●五輪塔婆

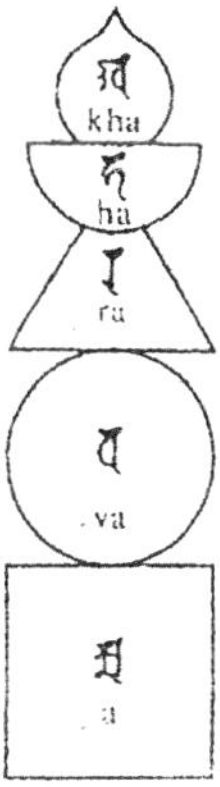

●五字厳身観《ごんしんかん》

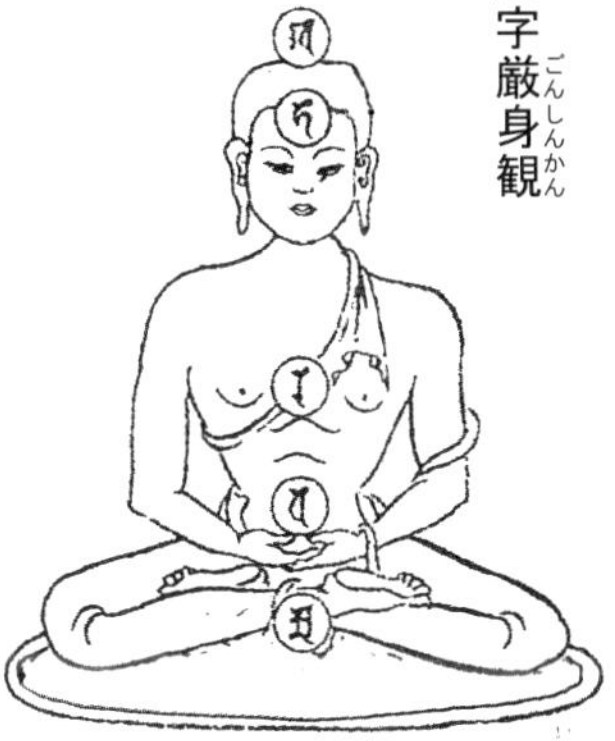

空海は、『大日経』を用いて、密教思想として「六大説」を立てる。空海著『即身成仏義』には「六大《ろくだい》無礙《むげ》常《じょう》瑜伽《ゆが》」(六大無礙にして常に瑜伽なり)とあり、「六大とは、五大と及び識となり」とある。地・水・火・風・空の五大に「識」を加えて六大といったのである。

空海は五大を、五輪塔とした。もともと異なった形の地・水・火・風・空を見事な造形として1つの形につくったのが五輪塔である。バラバラの形が美しい形となった。この五輪塔を行者の身体の各部所にあて頂・面・胸・臍《へそ》・膝《ひざ》の五処に対応させた。行者の肉体を構成する五輪が五智《ごち》であり、肉体が仏身にほかならないとした。このように観想するのを「五字厳身観《ごじごんしんかん》」という。

「六大とは、五大と及び識となり」と述べたが、この五大（地・水・火・風・空）を包み込むものが「識」（心）である、とする。「五字厳身観」の観想のことである。密教の思想は観想の中から説かれるのであって、頭（知識）で解釈されるものではない。行者は観想を深めて大日如来となる。行者即大日、大日即行者という「即」の観想である。ここに、行者は即身に成仏することができる。空海が提唱した「即身成仏思想」である。

重要なのはこの観想の仕方は、阿闍梨の伝授によるものだということである。行者は阿闍梨から「三密行」の修行の仕方を伝授される。ここに「師資相承《ししそうじょう》」という師弟関係ができる。

「識」（心）とは、五大を包み込んだ境地である。この境地は無障《むしょう》無礙《むげ》（さわりがない）とも無礙自在《むげじざい》とも渉入相応《しょうにゅうそうおう》ともいう。行者の身体は、六大法界体性《ろくだいおっかいたいしょう》の身（大日如来）となったのである。これが密教の悟り瑜伽の境地である。よって、「六大無礙にして常に瑜伽なり」という。

ただ『大日経』を読むと、五大は説かれているが、六大は説かれていない。空海の『即身成仏義』では『大日経』から六大を説く記述を6か所出している。空海はなぜ六大思想が説かれていると解釈したのだろうか。ここに空海の経典解釈の英断があるのであるが、専門的となるので今は述べない。『大日経』、『金剛頂経』の空海の解釈学という問題であるが、専門論文に譲ることとする。

第7章　空海思想の「心」を考える

――『秘密曼荼羅十住心論』

人間の心に疑問を持った空海独自の思想「密教」

空海の密教思想について

空海の著作は多い。おそらく同時代の人の中でも一番多く文章を残した人だろう。空海の思想を「密教」という。密教とは、空海の仏教観のことである。

奈良時代の仏教に、法相宗《ほっそうしゅう》（倶舎宗《くしゃしゅう》を含む）、三論宗《さんろんしゅう》（成実宗《じょうじつしゅう》を含む）、天台宗《てんだいしゅう》、華厳《けごん》宗《しゅう》がある。これらの宗派の違いは経典からきている。『梵網経《ぼんもうきょう》』、『法華経《ほけきょう》』、『金光明教《こんこうみょうきょう》』、『仁王経《にんのうきょう》』、『華厳経《けごんきょう》』、『涅槃経《ねはんきょう》』などである。これらの経典から、その思想（悟り）をくみだした僧侶を宗祖として、各宗派ができた。『華厳経』から華厳宗が生まれたように。

だが奈良時代の僧侶は、仏教研究については自由であった。華厳宗の僧侶は、『華厳経』だけを研究していたわけではない。護国三部経《ごこくさんぶきょう》である『法華経』、『金光明経』、『仁王経』は国を守る経典であるので、どの僧侶も理解していた。

空海もこれらの経典は読んでいたが、空海は、ほかの祖師とは違って『大日経《だいにちきょう》』、『金剛《こんごう》頂経《ちょうきょう》』から自らの思想（悟り）をくみだした。それは他の諸師のものとは非常に違った内容となり、それを密教といった。そこで空海独自の宗派ができることとなったのである。真言宗の誕生である。

空海は、経典から何をくみだそうとしたのであろうか。青春時代の山野を駆け巡る修行の葛藤において、何に気がついたのか。神秘思想の追求であったと一般にいわれており、これも事実であるが、空海がより強く疑問を持っていたのは「心」であった。人間の心の不思議であった。

この時期に大和久米寺で偶然巡り合った経典が『大日経』であった。『大日経』を読破した空海は、この経に自分が求める救いがあると直感したに違いない。しかし『大日経』は理解できる部分とできない部分があった。

例えば『大日経』第1章「住心品《じゅうしんぼん》」に説かれる「如実知自心《にょじつちじしん》」、「三句の法門」、「六十心」、「百六十心」、「三劫《さんごう》」、「十縁生句《じゅうえんしょうく》（十喩《じゅうゆ》）などの内容は、理解できただろう。これらは知識で理解できるからである。

だが第2章以下は、阿闍梨の引導がなければその意味が解せられない。つまり「曼荼《まんだ》羅《ら》」の思想とその図像は理解できなかっただろう。

また「五字厳身観《ごんしんかん》」、「阿字観《あじかん》」といった観想の理解とか、「印《いん》・眞言《しんごん》」の問題、さらには「梵字《ぼんじ》・悉曇《しったん》」の問題も理解できなかっただろう。

日本にはこれらの疑問を聞くことができる阿闍梨がいなかったためである。

しかし、ここに心の不思議を説く鍵がある、と空海は感じた。したがって『大日経』の解明は、入唐求法《にっとうぐほう》以外に解決できない。なぜなら『大日経』は漢字で書かれていたからである。求法のための入唐、そこに『大日経』があった。

空海は入唐して、日本に伝わっていない『金剛頂経』系の経典を見出す。入唐時、この経典の蒐集《しゅうしゅう》に全力を傾けている。このことは空海帰朝後、朝廷へ提出した『請来《しょうらい》目録』を見れば一目瞭然である。『金剛頂経』系の経典は、空海だけが所有した経典で、ほかの諸師は見ることができない。ここにも空海が独自の仏教解釈ができた原因がある。

経典解釈から、空海独自の思想が出てきたことについて、さらにいえることがある。経典は、古代インドのサンスクリット語で書かれており、これを漢訳したのである。

たとえば、護国三部経のうち『仁王経』の翻訳は、サンスクリット語が原典であるが、羅什《らじゅう》訳と不空《ふくう》訳がある。一般には羅什訳で理解するのであるが、空海は不空訳を重視している。同じ経典であっても訳者によって、微妙に意味が違うのである。ここに解釈の相違が出る。空海の思想を知るためには、不空訳は注意するべきである。

空海は、『大日経』、『金剛頂経』を重要視し、とりわけ33歳から40歳までは両経の思想を深めている。この時期に自らの疑問を解消し、思想を確立する。それは、当時の奈良仏教の祖師たちとは、違った内容の悟りとなった。

空海自らの悟りの内容の発表は、41歳から始まった。思想論文がそれである。順次『般《はん》若心経秘鍵《にゃしんぎょうひけん》』一巻、『即身成仏義《そくしんじょうぶつぎ》』一巻、『声字実相義《しょうじじっそうぎ》』一巻、『吽字義《うんじぎ》』一巻、『弁顕密《べんけんみつ》二教論《にきょうろん》』二巻、『秘密曼荼羅十住心論』十巻、『秘蔵宝鑰《ひぞうほうやく》』三巻などである。

少し煩雑になるが、当時の仏教学について少し述べたい。

天皇は、勅《ちょく》を諸宗に下して各宗の宗要書を奉らしめた。すなわち法相宗（『大乗法相研神章《だいじょうほっそうけんじんしょう》』五巻、護命《ごみょう》撰）、三論宗（『大乗三論大義鈔《だいじょうさんろんたいぎしょう》』四巻、玄叡《げんえい》撰）、律宗（『戒律伝来宗旨問答《かいりつでんらいしゅうしもんどう》』三巻、豊安《ぶあん》撰）、華厳宗（『華厳宗一乗開心論《いちじょうかいしんろん》』六巻、普機《ふき》撰）、天台宗（『天台法華宗義集《てんだいほっけしゅうぎしゅう》』一巻、義真《ぎしん》撰）、真言宗（『秘密曼荼羅十住心論』十巻、空海撰）である。

奈良仏教は、律令国家の政策の下に鎮護国家を行う国家仏教である。したがって仏教学も公認学団であった。そうそうたる仏教学者が論陣を張って奉仕している。空海もそのひとりであった。

空海の主張が、他の祖師とことなるところは、どこから出たのであるのか。それは各祖師が自分の思想を主張するために資料とする経典にある。

空海の思想は、小乗・大乗経典を資料として各祖師が主張する内容をすべて網羅している。各祖師が主張する仏教思想をすべて詮索したうえで、さらに『大日経』『金剛頂経』を加え、十住心として整理したのである。宇宙的思考、俗に大風呂敷の思考である。このような虚空の構成を整理した壮大な考察は当時の日本にはない独自な抱擁思考である。一般的な仏教思想とはことなる独自な思想であるがゆえに、大乗仏教の祖師には理解しがたい内容であった。

空海の『秘密曼荼羅十住心論』十巻は、あまりにも大部でありかつ難解であるため、天皇の命《めい》により書き改められた。『秘蔵宝鑰』三巻がそれである。両書は共に「十住心思想」を説くことに変わりない。『秘蔵宝鑰』は極端に文体を違えて、理解しやすくしている。空海の文章力を垣間見ることができるのでおもしろい。

心の向上・発展を説く「十住心思想」

空海の密教思想の1つ「十住心思想」について述べていく。空海が目指すところは「心」の解放である。

『秘密曼荼羅十住心論』十巻を見ていく。まず題目を下から検討する。

「心」の字がある。次に、心のそれぞれの住む処を「住心」とし10か所とする。「十住心」となり10の住処ができる。10の住所は、曼荼羅的に配置されるので「曼荼羅十住心」と呼ぶ。この曼荼羅十住心の考え方は、特殊なものであるので、「秘密」を冠において「秘密曼荼羅十住心」という。この思想を論ずるから『秘密曼荼羅十住心論』となる。

十住心の解釈を見ておこう。

十住心とは、心の発達過程であり、第一住心から第十住心に向かって心が弁証法的に高まっていくことを説く。順番に見ていこう。

▼第一住心　異生羝羊心《いしょうていようしん》――倫理以前の世界

無知なものは迷って、本能のままに生き、わが迷いさえ知らない。雄羊のように、ただ性欲と食欲のことを思い続けるだけである。

▼第二住心　愚童持斎心《ぐどうじさいしん》――倫理道徳の世界

他の縁をもらって、食物を与えようと思う。食物を他の者に与えようという心が芽生えるのは、穀物が蒔かれて発芽するようなものである。

▼第三住心　嬰童無畏心《ようどうむいしん》――宗教心の目覚め

倫理道徳の世界であるが、しばらくは天上の世界に復活することができる。それは幼児や子羊が母にしたがうようなもので、一時の安らぎにすぎない。

▼第四住心　唯蘊無我心《ゆいうんむがしん》――無我を知る

ただ物のみが実在することを知って、他の実在を否定する。仏教への初入門である。小乗仏教における声聞乗《しょうもんじょう》の説く心の世界である。

▼第五住心　抜業因種心《ばつごういんじゅしん》——おのれの無知を除く

一切は因縁よりなることを体得して、無知を取り除く。このようにして迷いの世界を除いてただ独り、悟りの世界を得る。小乗仏教における縁覚乗《えんがくじょう》の説く心の世界である。

▼第六住心　他縁大乗心《たえんだいじょうしん》——人々の苦悩を救う

第六住心から大乗仏教に入る。一切衆生に対して計り知れない愛の心を起こすことによって、大いなる慈悲が初めて生まれる。すべてのものを幻影と感じて、ただ心のはたらきのみが実在であるとする。第六住心は法相宗にあてはめられる。

▼第七住心　覚心不生心《かくしんふしょうしん》——一切は空《くう》である

あらゆる現象の実在を否定することによって、実在に対する迷妄を断ち切り、ひたすら空を観ずれば、心は静まっていく。第七住心は三論宗で説く空観に相当する。

▼第八住心　一道無為心《いちどうむいしん》——すべてが真実である

あらゆる現象はわけへだてなく清浄であって、主観も客観も共に合一している。そのような心の本性を知るものを仏というのである。このような世界を説くのが『法華経』であり、大台宗にあたる。

▼第九住心　極無自性心《ごくむじしょうしん》——対立を超える

水にはそれ自体の定まった性はない。風があって波が立つだけである。悟りの世界は、

〔秘密曼荼羅十住心論（『秘蔵宝鑰』）〕

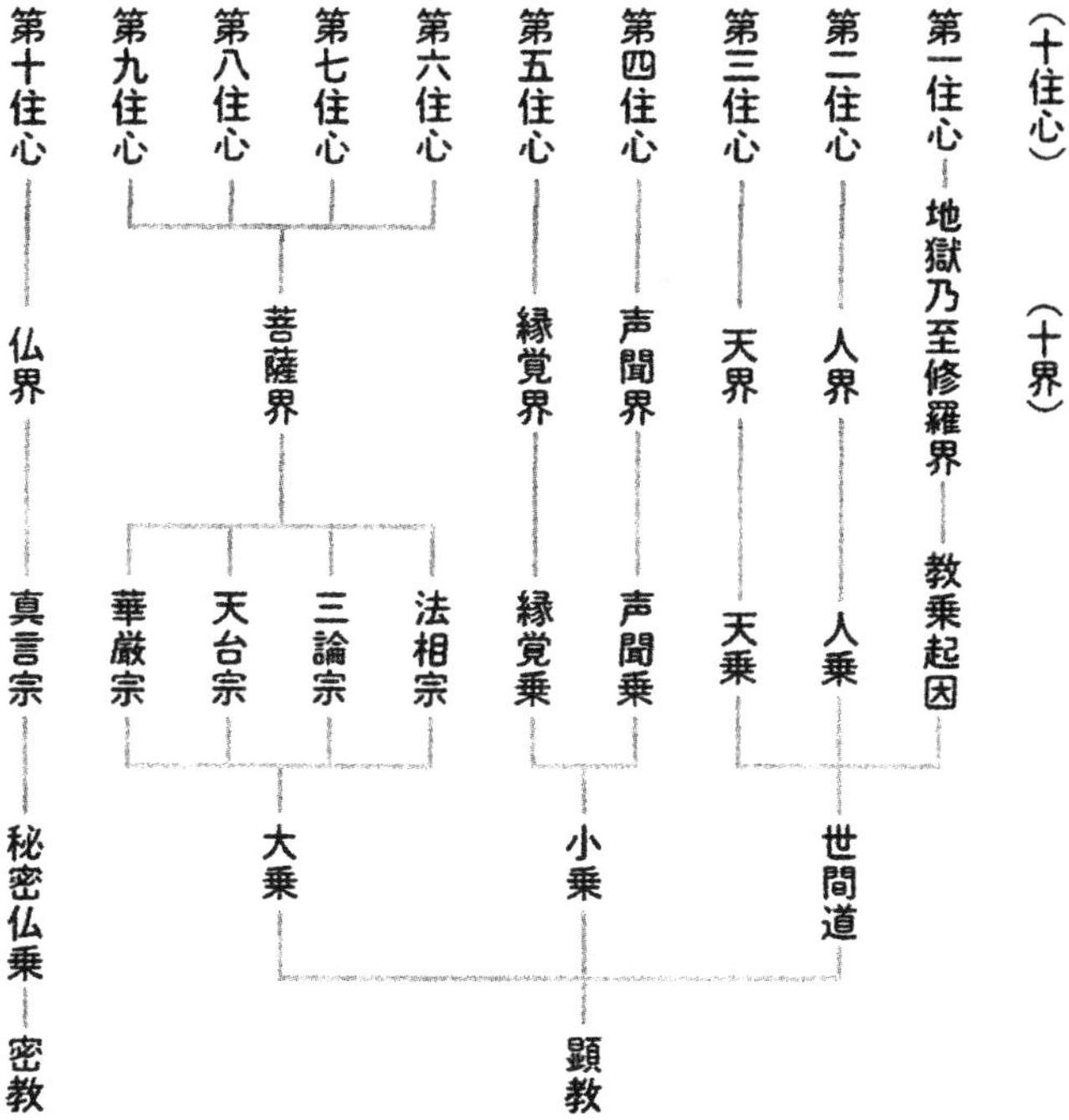

このことを知って、さらに進んでいく。どこにもとらわれない宇宙法界を説く『華厳経』の世界である。華厳宗にあたる。

▼第十住心　秘密荘厳心《ひみつしょうごんしん》――密教の世界

密教以外の一般仏教は塵《ちり》を払うだけであるが、真言密教は倉の扉を開く。倉の中の宝はたちまち現れて、あらゆる価値が実現されるのである。

十住心とは、我々の心の世界が段階的に自覚し向上・発展していくことである。順次、小乗から大乗、密教へと異次元世界に向かって飛躍していく過程を説くのである。

この十住心の構造を見ると世間一般の思想、小乗仏教、大乗仏教すべてを取り込んで、そのうえで整理し位置づけていることがわかる。

空海が、大乗仏教にランクづけする整理を始めたのは、いつ頃からであろう。

まず第六法相宗、第七三論宗、第八天台宗、第九華厳宗、第十真言密教の順位は、同じ順位で以下の文中で見られる。

「勧縁疏《かんえんしょ》」（42歳時）、『弁顕密二教論《べんけんみつにきょうろん》』（42歳時）、「大曼荼羅を造る願文」（48歳時）、「藤原葛野麻呂《かどのまろ》の為の願文」（48歳時）である。

さらに「十住心」すべての順位が同じ位置づけとなっているものに、「平城天皇灌頂《へいぜいてんのうかんじょう》文《ぶん》」（49歳時）、「三昧耶戒序《さんまやかいじょ》」（49歳時）、「藤原冬嗣《ふゆつぐ》の為の願文」（54歳時）、『秘密曼荼羅十住心論』（57歳時）、『秘蔵宝鑰』（58歳時）がある。

これらのことから空海は常に広く仏典に目を通していたことがわかる。『秘密曼荼羅十住心論』に至り、急に10段階のランクづけをしたことではないのである。

私は、仏教と人間のかかわり、仏教は生きている現代人の心を救済できるかどうかを求めようとしている。

今は、空海の十住心思想を研究する場ではないので、このあたりで留めておきたい。先に検討した因果思想、十住心思想共に空海の思考は同じである。以下、図形でもって示しておきたい。

十住心思想と密教的思考

さて、十住心思想は、密教思想にどのような展開をもたらしているのであろうか。すこし別の角度から頭を軽くして考えよう。

①　線の思想（梯子にたとえる）

梯子《はしご》を立てて一段目から上る。第一住心から、小乗に至り、大乗へ、そして第十秘密荘厳心《しょうごんしん》に到着する。そしてさらに上るが、これ以上は上れない。落ちる、と思うのだが落ちない。なぜか。

〔密教的思考（十住心の解釈）〕

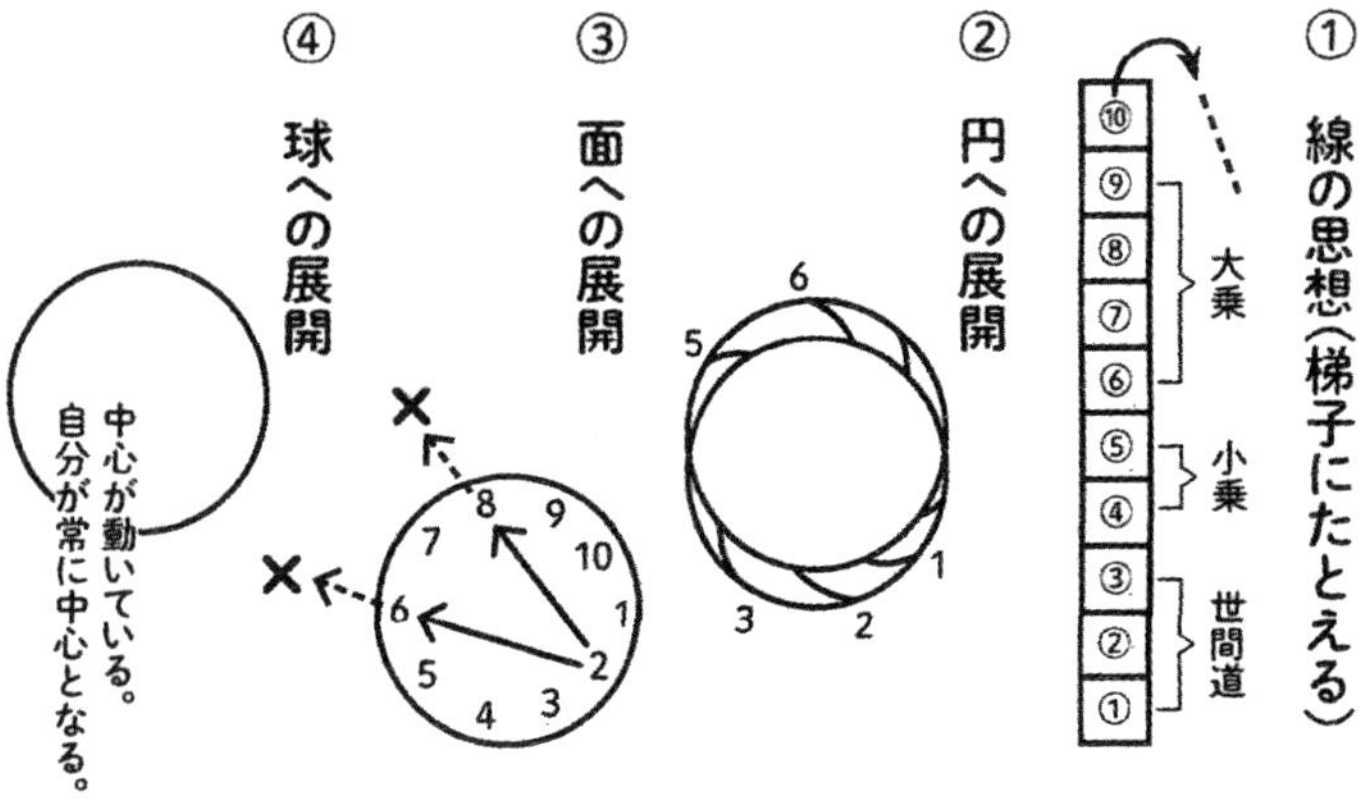

②

円の思想（円への展開）

この梯子は柔軟で、曲がるのである。第十住心にいる人の重みで曲がる。気がつくと円《まる》く曲がって第一住心の場所にいた。だが前進するのみ。すると第十住心から第一住心に移るのである。前進、前進。順次、第二住心、第三住心と越えていく。気がつくとネズミと一緒に回転車の中で走っている。空想か。どこまで走っても前と後ろは同じ人である。おかしいぞ。回転車は止め乗り換えよう。

③

面の思想（面への展開）

ただ前進するのではなく、隣に乗り移る。大きな平面の上に乗った。盆皿の平面の上である。どの方向にでも歩ける。楽になった。円の周りには順番に「住心の家」がある。第二住心を出発点としている私は、第六住心、第八住心などと、平面上をどこにでも行ける。各住心を出発点とする者も、すべて同じ条件である。平面は便利である。

盆の上を目隠しをして歩かされる。私は第二住心から第六住心へと歩く。オットット、第六住心の先に道はなく落ちる。キケン、キケンである。すべての住心皆同じ。つまり平面の上は便利ではあるが、危険なのである。ここでは完全な思想とはならない。

④　球の思想（球への展開）

そこで球への乗り換えとなる。球の上に乗る。まっすぐに歩く。どこまでも歩く。歩いても歩いても、ただただ一直線の道である。なぜか。球とは地球である。どこまで歩いても落ちることはない。そして球は宇宙であることに気づく。この宇宙観を密教と呼ぶのである。

密教が、宇宙思想であることに触れてみた。この宇宙観が曼荼羅なのである。曼荼羅のもっとも外側、最外院（外金剛部院《げこんごうぶいん》）には、天部があり、日天・月天・火天・風天などが描かれる。火曜・水曜・木曜などの七曜。双魚宮《そうぎょぐう》・白羊宮《はくようぐう》・蝎虫宮《かつちゅうぐう》などの十二宮も描かれ、二十八宿も描かれている。曼荼羅には、星の世界も描かれている。密教の宇宙観である。

≪閑話一言≫

密教と星の世界を研究していると、思いがけないものを見出す。一行禅師《いちぎょう》（685～727年）は、中国の密教阿闍梨であるが、天文学者としても有名である。インド人善無《ぜんむ》畏《い》の『大日経』の翻訳にもかかわり、これを筆記している。

北斗七星に関するインドの仏教が中国に伝来し、中国の思想をもってくみとられると、一行は、北斗七星が北極星の北に回ったときの図を描いている。北斗七星の各名称は柄《ひ》杓《しゃく》の柄《え》の先から破軍星《はぐんせい》、武曲星《むごくせい》、廉貞星《れんじょうせい》、文曲星《もんごくせい》、禄存星《ろくぞんせい》、巨門星《こもんせい》、貪狼星《とんろうせい》である。武曲星には、小さな「輔星《ほせい》」がある。この輔星は、イタリアのリッチオリが1650年に望遠鏡で発見した。だが一行の『梵天火羅九曜《ぼんてんからくよう》』には、すでに武曲星に輔星が図示されているのである。一行阿闍梨の不思議であるが、これは一行の特別な能力であろう。

空海は、入唐して『宿曜経《しゅくようきょう》』を持ち帰った。この経は、星占いとして使用されており、今日も人気のある占いである。多くの解説書が出版されている。近年、この分野は急速に進化している。物理学者、村山斉氏による『宇宙は何でできているのか』（幻冬舎新書）は、平易な文体で最先端の素粒子分野を説明している。星に興味のある人にとって、目から鱗であろう。宇宙の起源を知ろうと思えば素粒子のことを知らねばならないことを教えられた。空海の宇宙観が科学的に解明されていると、おもわず感動した。

第8章　空海教学の「竪横」と「機根」から心の救いを考える

―「差別」と「平等」について

顕教の世界

前章の「空海における因果論」の項で富士山を例として、富士山の麓を「因」で「迷いの世界」、頂上を「果」（仏果）で「悟りの世界」にたとえた。人々が悟ろうとしても、誰もが頂上まで登ることはできない。足の悪い人は4合目が精いっぱいだ。空海はこの人に向かって「よく努力したね、あなたにとっては4合目が仏果ですよ」といった。杖に頼る人は、心臓に欠陥があり4合目で休憩してやっと6合目まで上った。空海はこの人に向かって「よく努力したね、あなたにとっては6合目が仏果ですよ」といった。『秘密曼荼羅十住心論』では、このように説かれるのである。

人それぞれに努力しても限界がある。各人は体も心も一様ではない。だから差別《しゃべつ》するところに平等が見出せるとするのである。空海は、この差別の階梯《かいてい》を「顕教《けんぎょう》」（あらわな教え）というのである。「密教」の立場から見ると（密教の立場に立つと）顕教の世界が見えるのである。空海は、この世界を『大日経』と『金剛頂経』系の思想からくみだしたのである。空海が密教の世界を初めて論じた『弁顕密二教論《べんけんみつにきょうろん》』（顕密二教を弁ずる論）が完成されたのである。42歳のときであった。

空海は、この「竪差別《たてしゃべつ》」・「横平等」の思想を、他の独自の論文でも主張している。整理していこう。

空海教学における「竪（差別）・横（平等）」の構造

この章では経典または著述の場所が必要となるので、著書名を多く出した。少し煩雑になるがご容赦願いたい。

空海は、入唐以前に『大日経』を読んでいる。入唐中に『金剛頂経』系の経典に気づき、これを意識して蒐集《しゅうしゅう》し持ち帰った。帰朝ののち両経を読破し、両経を中心に自らの悟りをくみだし41歳のとき開眼した。つまり空海は自らの思想を確立したのである。

『大日経』に、菩提《ぼだい》（悟りの知慧）とは、如実知自心《にょじつちじしん》（実の如く自心を知る）と説かれている。空海が『大日経』の中に悟りを見出した句である。つまり自分の「心」を知ることが悟りなのである、となる。ついで『大日経』に「竪《たて》には十重《じゅうじゅう》の浅深《せんじん》を顕《あらわ》し、横には塵《じん》数《ず》の広多《こうた》を示す」とある。「心」を竪・横に解釈している箇所である。

空海の解釈によって、この竪・横を理解していこう。

『大日経』に「竪には十重の浅深を顕す」とは、すなわち「竪」の義とは、闇より明に向かって漸次《ぜんじ》に求上《ぐじょう》する次第のことである、という。空海が『秘密曼荼羅十住心論』で示した第一住心から第十住心の悟りに至る十種の過程にあたる、つまり竪に「差別《しゃべつ》」がある

〔空海の「心」の解釈「竪（差別）」と「横（平等）」〕

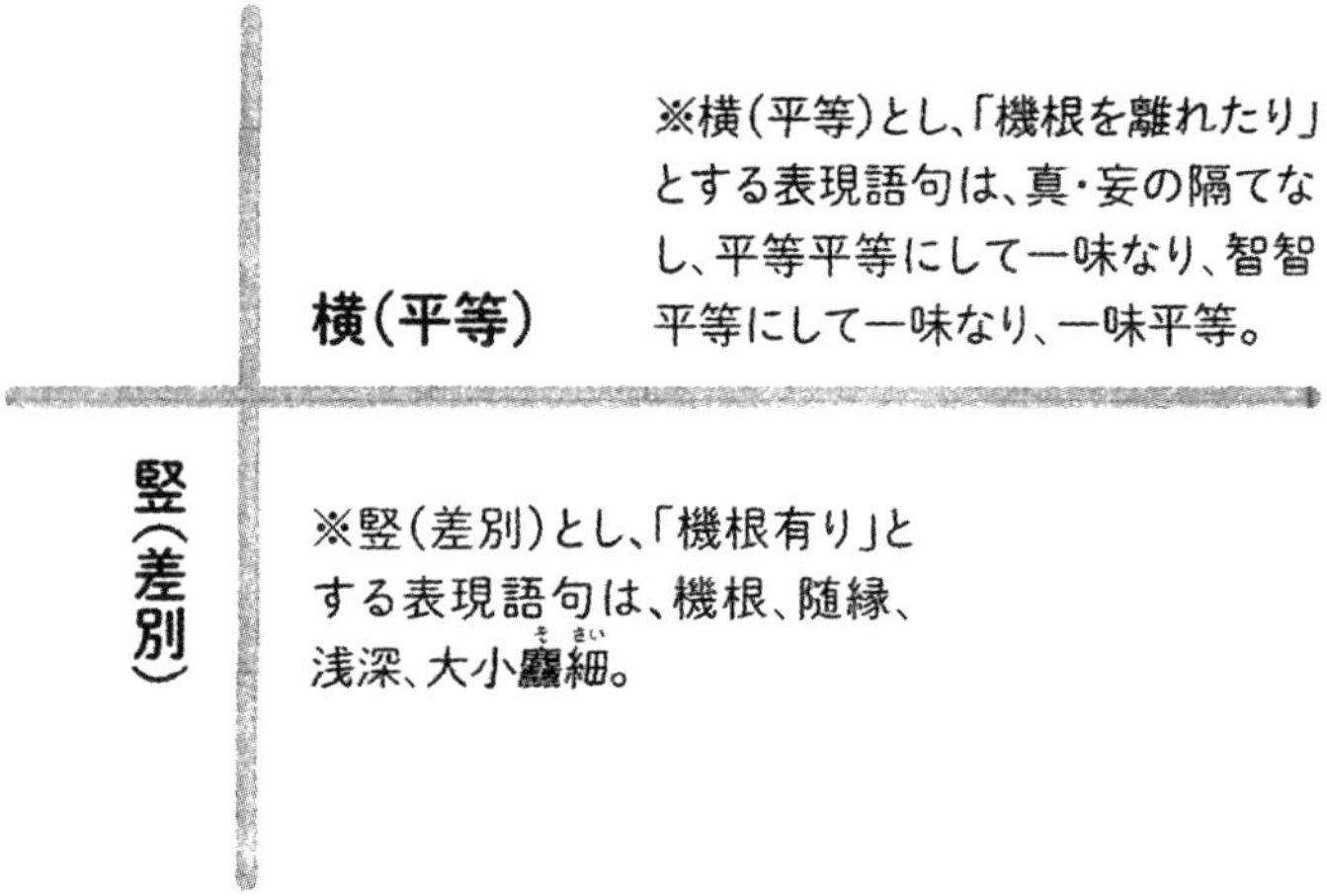
横（平等）
※横（平等）とし、「機根を離れたり」とする表現語句は、真・妄の隔てなし、平等平等にして一味なり、智智平等にして一味なり、一味平等。
竪（差別）
※竪（差別）とし、「機根有り」とする表現語句は、機根、随縁、浅深、大小麤《そ》細《さい》。

『秘密曼荼羅十住心論』は、空海の晩年の著であるが、空海教学の悟りそのものの表現に満ちた書である。第十、秘密荘厳住心の冒頭に『大日経』からの引用文がある。

「経に云何菩提謂如実知自心とは、此れ是の一句に無量の義を含めり。竪には十重に浅深を顕し、横には塵数の広多を示す」と。

とするのである。

『大日経』に「横には塵数の広多を示す」とは、すなわち「横」の義とは、悟りを求めようとする者は、それぞれ竪には「機根《きこん》」が違うのであるが、横にはその機根に合わせてすべてに「平等」がある、との意味にとっている。「機根」とは、仏の教えを聞いて修行しうる能力のことである。

空海は、人間は身・心において各種各様であるから「差別」しなければならない、と説いている。差別することによって平等がいえるのである。この差別は、仏教でいう差別《しゃべつ》の意味であり、我々のいう差別《さべつ》のことではない。

空海の著作すべてに広げて「竪差別・横平等」を見ておこう。

『声字実相義《しょうじじっそうぎ》』には、①「竪」とは一切を差別する観点であり、「随縁《ずいえん》」（縁に随って）によって差別は現れる。「横」とは、一切を平等視する考えで、この立場では「真《しん》・妄《もう》」も隔《へだ》てはない、とある。また、また、同書に②「竪」の義に訳せば「大小麤細《そさい》」あり。「横」の義によれば「平等にして一である」とある。

空海著『秘密曼荼羅十住心論』第一には、「若《も》し竪に論ずれば、則《すなわ》ち乗乗差別にして浅深あり。横に観ずれば、則ち智智平等にして一味なり」、とある。

空海著『金剛頂経開題』には、「若し竪の次第に約すれば、是の如くの浅深差別あり。

若し横平等に約すれば、悉く皆平等平等にして一なり」とある。

空海著『梵網経開題』には、「横には一味平等の理を表し、竪には差別階級の義を表す」とある。

以上、空海がいう「竪差別」・「横平等」の思考に触れた。この思想によって、現代の我々は何を考えさせられるだろうか。我々日本人は、とかく「竪の人間社会」の中で生きている。政治家の世界においても、会社の中での人事も、宗教の社会においてさえ竪差別がある。

竪差別はよいにしても、そこで「横平等」の感覚を我々はもっているのであろうか。ここに問題があると思う。私の学生時代のベストセラーに、『タテ社会の人間関係』（中根《なかね》千《ち》枝《え》、講談社現代新書）がありよく読まれていたが、最近はどうであろうか。

仕事においていえば、その仕事にかかわる者は、上下関係の立場だけではいけない。目的に向かっては、すべての者の個性を理解して平等でなければ新しい発想は生まれない、つまりプロジェクトチームによる仕事である。プロジェクトチームでは、リーダーが必要でその役割は大きい。私は、この体験を川《かわ》喜《き》田《た》二郎《じろう》先生に教わった（第10章「川喜田二郎先生と出会う」の項）。

人間の「体」と「心」は共に、「竪差別・横平等」の思考が必要である。空海は、密教の立場、つまり第十住心の立場（毘盧遮那法身《びるしゃなほっしん》）に立つと、富士山の頂上で生まれた（生を得た）自分に気づき、「竪差別」がよく観え「横平等」が感じられるというのである。ここに「顕」と「密」の相違がある。だが話は、ここで終わらない。

空海は「若し竪の義に訳せば大小麤細《そさい》あり」、つまり竪の義が一般仏教（顕教）であり、顕教に「大小麤細」、「浅深差別」がある、という。つまり密教にも顕教にも「大小、浅深」という問題はあるという。『声字実相義』に「密の義の中に又重重横竪《じゅうじゅうおうじゅ》の深意あり」とある。この句を理解しておかねばならない。

つまり顕教の中に「浅深差別」があり、浅深の「深」は浅に比べれば「秘」であるという意味である。だから、顕教においても「秘密」の言葉が使用されるのである。同様に密教においても「浅深」がいえるのであり、密教の中でも「浅」の字が使われるのである。

この意味を『弁顕密二教論』の空海の言葉で締めておこう。「答う、顕密《けんみつ》の義、重重無《じゅうじゅうむ》数《しゅ》なり。若し浅《せん》をもって深《じん》に望むれば、深はすなわち秘密、浅略はすなわち顕なり。ゆえに外道《げどう》の教書にもまた秘蔵の名あり。如来の所設の中にも顕密重重なり。若し仏小教《しょうきょう》を説きたもうをもって外人《げにん》の説に望むれば、すなわち深密《じんみつ》の名あり。大を以て小に比すればまた顕密あり。一乗は三乗を簡《えら》ぶを以て秘の名を立つ。総持《そうじ》は多名《たみょう》に択《えら》んで密号を得、法身の説は深奥《じんおう》なり。応化《おうけ》の教は浅略なり、ゆえに秘と名づく」と。

以上により、空海教学における「竪（差別）・横（平等）」の構造を明らかにした。一切を平等視する立場（横平等）と、一切を差別する立場（竪差別）が理解できたと思うが、差別は「随縁《ずいえん》」によって起こる、とあるのはこれまた甚深《じんじん》の言葉である。我々にとって、人生の中で好《よ》いご縁をもらうことに意識を向けることは重要である、と括っておこう。

空海教学における「機根」の考察

人間が救い、救われるとは、いかなることであるのか。本書は、このことを仏教思想において理解しようとするものである。空海における「機根《きこん》」の考察も、その1つの解答を示している。

「機根」とは、仏道の教えを聞いて修行しうる能力、さらには衆生各人の性質を意味する。さて、機根が人間（衆生）の救いにどうやってかかわるのであろうか。

「機根」ということで、空海がもっとも基本的な資料として取り上げているのは『釈摩《しゃくま》訶衍論《かえんろん》』である。『釈摩訶衍論』にある文章が、空海の著作『秘密曼荼羅十住心論』第九、『弁顕密二教論』巻上、『釈論指事』にそのまま引用されている。ここが基本資料となるので、その箇所から検討を始めよう。

先に「竪（差別）・横（平等）」の解釈を示し、空海には「竪・横」の思想があると示し

〔空海教学における「機根（修行する能力・衆生の性質）」〕

横(果) 果海の問答

※横(果)とする表現語句は、果海の問答(性徳円満海)、不二の境地、一切の機根を離れた境地。

竪(因) 因海の問答

※竪(因)とする表現語句は、因海の問答(修行種因海)、あらゆる機根に答えて因縁の大小に随って法がある、薬も各種多様に必要、仏の教えも一種ではいけない、方便の語を使用。

た。「機根」の場合も同じ思考によっている。

空海の「機根」を検討すると、すべての箇所が一様に「竪は（因）・横は（果）」となっている。語句を拾って整理していくと、竪は、因海《いんかい》の問答《もんどう》（修行種因海《しゅぎょうしゅいんかい》）であり、ここではあらゆる機根に答えて「因縁に随《したが》って」機根があると説かれる。横は、果海《かかい》の問答（性徳円満海《しょうとくえんまんかい》、不二《ふに》の境地ともいう）であり、ここは一切の機根を離れた境地である、とある。

竪には、機根がある（有機根）として、その内容を説いている。

「身」、「心」について、空海の「平城天皇灌頂文」の内容を見ると、「身病《しんびょう》百種なれば、即ち方薬一途《ほうやくいちず》なることあたわず。心疾万品《しんしつまんほん》なれば、経教一種《きょうきょういっしゅ》なることを得ず」とある。

すなわち「身病」（身体の病気）は多種多様限りなくあるから、その一つひとつに合わせて薬も各種多様にある。また「心疾」（心の病気）も多種多様であるから、仏教の教えも一種では人を救えないのだ、とある。

つまり相手に即して、いろいろな方便を説くのも各人の「身病」、「心疾」が種々に異なるからである。「嘘《うそ》も方便」という言葉もあるが、これは相手に即した救いの広さを示した言葉である。救いのためには方便も許されるのである。密教では「方便をもって究竟《くきょう》となす」といい切っている。方便こそ悟りの究極の言葉だ、として方便を認め救いの広さを表現しているのである。人を救うためには、方便であるのを自覚していれば嘘もまた正当化される。つまりは、衆生の機根に寄り添って法を説いて、衆生を救い解脱させるのである。

空海は、機根が有るとする内容に、薬をもってたとえることが多い。

『般若心経秘鍵』に、「医王《いおう》の目には途《みち》に触れて皆薬なり。解宝《げほう》の人は鉱石を宝と見る」とある。我々の目には、道端で見る多くの草は一様にただの草であるが、医王の目は、草を選別し、薬としてその草の効用を見出すのである。

また我々から見るとただの石であるが、解宝の人（宝を解する人）が見ると、石と宝石を選び分けることができるのである。

『秘蔵宝鑰』に、「機根契当《かいとう》の故に。余の薬は益《えき》無きが故に」とある。薬を服用するときは、各人の機根に合わせることが大事である。機根に適合しない薬は何の利益にもならない、とある。

同じく『秘蔵宝鑰』に、「諸々の教法は、その機根に契当し、並びに皆妙薬なり」とある。仏教の教えは、みなそれぞれの機根に適合させることによって、初めていずれもが妙薬となるのである、というのである。

『弁顕密二教論』に、「如来の説法は病に応じて薬を投《な》ぐ。根機《こんき》万差なれば針灸《しんきゅう》千種なり」

とある。

如来の説法は、病によって薬を与えるものであるから、衆生の機根が異なれば、針灸に比すべき教法もまた当然別のものが与えられねばならない、というのである。

空海の「平城天皇灌頂文」に、「所謂《いわゆる》正教・正法は、機に随《したが》って門多し。機根万差《まんじゃ》なれば法薬随って殊《こと》なる」とある。正教・正法は、各人の機に合わせるが故に多くの教えが必要となる。すべての人の機根が違うがゆえに、仏教の教えも異なるのである、となる。

以上、「竪に因海」とは、機根があるとする境界として説いており、機根の大・小に随ってあらゆる機根に答えて、因縁に随って法門の違いが説かれるのである。密教から観る「顕教」とは、このような理解の教説なのである。

次に、横には、機根を離れた境地（離機根）を「果海の問答」として説く。機根を離れた境地を不二《ふ》の境地とも呼ぶ。不二の法は一切の機根を離れた境地（悟りそのもの）であるから説くものは何もない。これが「密教」の境地である。

以上、各人が持っている機根に随って救いが説かれる、とするのである。機根は多種多様であるから、救いの薬も機根に合わせて与えていかなければならないのである。

最後に空海は「顕密は人にあり」とある。まことに意味深き言葉である。

第9章　弘法大師空海の救い

空海が残した言葉から悟りとは何かを考える

釈尊の悟り

私たちは、仏教で救われている。また、密教で救われている。つまり釈尊の教え、空海の教えで救われている、とはどういうことなのかを考えてみたい。

釈尊は80歳の御生涯、空海は62歳の御生涯の人間である。しかし釈尊は2500年も生き、空海は1200年も生きている。両師は、今も生きている。どこでこの永遠、つまり悟りをつかんだのだろうか。

釈尊について触れてみよう。王子は、宮殿を出て、マガダ国のガヤーの町を流れるナイランジャナー河（尼連禅河《にれんぜんが》）のほとり、ウルヴィルヴァーの林の中において、これ以上はないといわれるほどの激しい苦行を6年間行った。だが求めるものは苦行からは得られないことを知った。そこで苦行を未練もなく投げ捨て、尼連禅河で沐浴《もくよく》をして身の汚れを洗い流した。スジャーターという娘の手から乳糜《にゅうび》を受けて健康を回復した。一緒に苦行していた5人の比丘《びく》は、王子が堕落したと考え、王子を見捨てて別の地へ去っていった。

王子は、静かに菩提樹の下に座って瞑想に入った。ここで王子の心を乱す悪霊と戦う。乱れ散る心、黒い心の影、醜い鬼の攻撃、美女の誘惑、あらゆる悪魔の襲来にあったが、王子はこれを打ち破った。そして瞑想を深めていった。瞑想は、二段階、三段階と深まり、王子の心は輝き、悟りが開けたという。

王子35歳の12月８日の朝のことであった。王子は、仏陀（ブッダ）、釈尊となったのである。以後釈尊の教えは、弟子、信者によって永遠に生きていくのである。

釈尊は80歳で入滅する。釈尊の入滅を「涅槃《ねはん》」という。地元のマルラ人が葬儀にあたり釈尊の遺体は火葬された。火葬をすませたときにマガダ国のアジャータシャトル王から遺骨を求めたいとの要求がきた。続いてリッチャヴィ人やシャーキャ族、その他からも要求がきた。遺骨は８等分することにした。それぞれの国はそれで満足し、受け取った遺骨をまつるためにストゥーパ（塔）を建てた。遅れてきた者は灰をもらって同じく塔を建てた。塔を建てることは功徳《くどく》であると考えられた。ことにアショーカ王が８万４０００の塔を建てたという話は有名である。聖者崇拝として、信仰が広がっていったのである。

さらに、釈尊の誕生の地、成道の地、初転法輪の地、および入滅の地の４か所を聖地としてあがめ、それらの土地を巡礼することが始まった。現代も引き続き巡礼されている。つまり釈尊は、生きているのである。釈尊の悟りが、瞑想であったことは、疑えない事実である。

空海の悟り

空海について触れてみよう。空海も瞑想によって永遠なる真理（悟り）をつかんだ。身体と言葉と心を用いて行う「三密行《さんみつぎょう》」である。「手に印を結び、口に真言を唱え、心を仏の心と一体と感じる」三密行は空海独自の修法である。空海が人間として、悟りに目覚めたのは41歳のときであった（前章「空海の密教思想について」参照）。つまり空海は41歳のときに、自らの悟りを確証したのである。

空海は、三密行を行じることを、「三密加持《かじ》」するという。この悟りの世界を開くために重要な役割を果たしているのを「加持」という。加持とは、空海の言葉で次のごとくである。

「仏の光が衆生の心に届く（如来の大悲《だいひ》）を「加」といい、衆生の心が仏の光を感じる（衆生の信心《しんじん》）を「持」という。この如来の心と衆生の心が感じ合い（加持感応《かんのう》）ひとつになることで、悟りの世界が開かれるのだ」（『即身成仏義』より）。

空海は、承和《じょうわ》2（835）年3月21日、62歳で、自らの意思により高野山奥之院に入《にゅう》定《じょう》する。ここまでは人間空海である。

さて、空海入定後86年が経った延喜《えんぎ》21（９２１）年、観賢《かんげん》僧正が上表して、醍醐天皇から「弘法大師」が下賜《かし》される。空海は「弘法大師空海」となったのである。観賢僧正は同年高野山奥之院の空海に「大師号追贈」の勅許が下った報告に行く。このとき観賢は御《ご》廟《びょう》の扉を開いて、空海のご身体を拝見した。空海は顔色も変わらず定に入ったまま坐しており、頭髪はのびていた。そこで観賢は御髪を剃り、朽ちた御衣を取り替えた。

歴史のうえで、御廟開扉はこの一回のみで、以後今日まで開扉の資料はない。

次に大事なのは済暹《さいせん》僧都（１０２５～１１１５年）である。済暹僧都は、『弘法大師御《ご》入定勘決記《にゅうじょうかんけつき》』を書いた。これまでは、空海の入定は、入滅・入寂などやや不確かに使用している文献もあったが、済暹以後は、御入定以外の記録はない。

空海は59歳のとき「高野山万灯会願文《まんどうえがんもん》」に、「虚空《こくう》が尽きるまで、人間が居なくなるまで、悟りがなくなるまで、私の救済の願いは続く」と願をかけられた。のち空海自らの願文も加味してか、空海は高野山奥之院に入定されており、私たちを救い続けているという「大師信仰」となった。

『弘法大師御入定勘決記』によって「弘法大師への信仰」が確実に定着するのである。私たちは「南無大師遍照金剛《なむだいしへんじょうこんごう》」の御名号《みょうごう》を唱えることで弘法大師を信仰し、救済を乞うのである。つまり空海は生きているのである。

以上、釈尊と空海の永遠を求めると、両師が永遠に生きているのは、両師の瞑想の中であることに気づく。つまり経典の意味を理解し知識を求めるのではなく、経典の意味するところを、瞑想からくみだす智慧を求めることである。

それでは空海に救われたいと思ったとき、いかなる方法があるのだろう。空海自身は、密教の三密瑜伽《ゆが》の三昧《さんまい》（瞑想）に入って、その三昧の中から自らの悟りの言葉を出している。

それが空海の文章である。だから今、私たちは空海の心の中に入っていけないにしても、空海の文章から、空海の悟りに触れることができると考える。弘法大師空海の文章から、空海の救いの言葉を検討してみよう。

空海の悟りの表現

▼その1

> **真言は不思議なり。観誦《かんじゅ》すれば無明《むみょう》を除く。**
> **一字に千里を含み、即身に法如《ほうにょ》を証《しょう》す。**
>
> 『般若心経秘鍵』より

〔『弘法《こうぼう》大師《だいし》空海《くうかい》御影《みえい》』画／静 慈圓〕

【現代語訳】

真言というのは不思議なものである。本尊《ほんぞん》を観想《かんそう》（瞑想）しながら唱えると、根源的な無明の闇を除くことができる。一字の中に千の道理が含まれており、この身このままに真理を悟ることができる。

《解説》

真言とは、真実であって虚妄《きょもう》でない「聖なる真実のことば」を意味する。いわば呪文のような言葉で、「密語」「陀羅尼《だらに》」「明《みょう》」とも呼ばれる。「明」とは〝知る〟という意味で、「愚かな闇を除いて真理に通達する智慧」のことを指す。

これらの真言（明）は、唱えることで仏の力を行者の中に生み出す。唱えることで力になるものであり、意味の理解を目的としたものではない。中国や日本に真言が伝わったときも、翻訳はされずにサンスクリット語の発音がそのまま唱えられた。そのため、真言は「神秘の言葉」として扱われてきた。

一字の中に千の道理が含まれているので、唱えるだけで真理を悟ることができる。加えて煩悩がことごとく滅せられ、根源的な無知の闇を除き、「法界体性《ほっかいたいしょう》」と呼ばれる仏の世界に入ることができる。

▼その2

阿字《あじ》はこれ一切法教《ほうきょう》の本《もと》なり。およそ最初に口を開く音《おと》みな阿の声あり。もし阿の声を離《はなん》ぬれば、すなわち一切の言説《ごんぜつ》なし。故《ゆえ》に集声《しゅうせい》の母と為す。

『梵字悉曇義』より

【現代語訳】

阿字はすべての教えのもとである。最初に口を開く音は、みな阿の音をもっている。阿の音を離れてすべての言葉は成り立たない。それゆえに、阿はすべての音の母といえる。

《解説》

密教は、「阿」の音を大事にしている。人間は「ア」と口を開き、音を発して誕生する。そのため「阿」は命の始まりともいえるし「阿」の音を離れて言葉を成り立たせることはできない。ゆえに「阿」は、「すべての音の母」といえる。

生命を感じていく瞑想法が「阿字観《あじかん》」と呼ばれるのも、この「阿」の音に由来している。阿字は、「阿字本不生《ほんぷしょう》」という言葉で表している。それは全宇宙が、「阿」の一字に集約されているとみるからである。つまり生も滅も越えた宇宙の本源を象徴すると考えられるからである。

空海は「阿は大日如来の種子真言《しゅじしんごん》なり」と述べているが、これは「阿字観」が大日如来と行者が1つになる瞑想法だからである。

阿字を本尊として、その前に座り、下腹部（丹田《たんでん》）で呼吸を行う。口から息を吐くときにはモヤモヤした気持ちも一緒に吐き出し、鼻から吸うときには下腹部を膨《ふく》らませ（腹式呼吸）、清らかな霊気をいっぱいに吸い込む。これを繰り返すことで心が集中し、大日如来と1つになることができる。

▼その３

仏心とは慈と悲となり。大慈《だいじ》は楽を与え、大悲《だいひ》は苦を抜く。抜苦《ばっく》は軽重《けいじゅう》を問うこと無く、与楽《よらく》は親疎《しんそ》を論ぜず。

『性霊集』巻第六より

【現代語訳】

仏心とは、慈と悲のふたつをいう。大慈はすべての人に楽を与え、大悲はすべての人の苦を抜く。しかも大悲の「苦を抜く」は、苦の軽い重いを問うことなく、いかなる苦をも除くものである。そして大慈の「楽を与える」は、身の親しいか否かに関係なく、すべての人に平等に与えられることを意味する。

《解説》

仏の心とは「慈」と「悲」のふたつ、すなわち人々を苦から救い（悲）、楽を与える（慈）心を指す。しかも大悲の「苦を抜く」は、取り除く苦の軽重を問わず、いかなる苦も取り除いてくれる。ここでいう苦とは「生・老・病・死」の「四苦」を指す。これは釈尊時代以来変わらないもので「四苦の苦しみから逃れたいのであれば、仏教の教えに従うがよい」とされてきた。

ところが現代では、この「四苦」の現場は仏教ではなく医学の世界でおもに展開されている。そこで、仏教と医学・医療が手を結ぶ取り組みも行われるようになった。

現代社会において、僧侶は人々から「苦」を除き、救いをもたらすために何ができるのか。今後の仏教界の課題といえる。

そして大慈の「楽を与える」については、親しい、親しくないに関係なく、すべての人に対し、平等に「楽」が与えられねばならない。こうした慈悲の行動は、現代においても重要である。

▼その4

生死《しょうじ》即《すなわ》ち涅槃《ねはん》なれば、更に階級なし。煩悩《ぼんのう》即ち菩提《ぼだい》なれば、断証《だんしょう》を労することなし。

『十住心論』第七／『秘蔵宝鑰』巻下より

【現代語訳】

生死（迷い）がそのまま安らぎなので、その上に段階などはない。煩悩がとりもなおさず菩提だから、煩悩を断って悟りを得る苦労はいらない。

≪解説≫

「生死」は迷いの世界、「涅槃」は絶対の安らぎの境地を意味する。絶対の安らぎ（涅槃）を得るために迷い（煩悩）を消していくのが、仏教の修行である。空海は、生きている人間は「煩悩は消し去ることはできない。それに気づくことに解決策がある」と説いている。

煩悩はエネルギーなのだから煩悩を否定せずに肯定し、活動させるのが大事だと考えていたのだ。その活動を大きくしていこう。「楽しみ」はもっと大きな楽しみに育てよう。「楽」を育てて「大楽」としよう。ここに密教の「大楽思想」が生まれたのである。

これは「自分が仏の子として生まれたことに気づくこと」を意味している。仏の子として生まれた自分は、一体何をすればよいのか。これが密教の倫理観であるのだ。

「煩悩即ち菩提」という捉え方は、すさまじい倫理道徳である。これが密教の考え方なのである。

▼その5

境《きょう》は心に随《したが》って変ず、心垢《よご》るれば境濁《にご》る。心は境を逐《お》って移る、境閑《しずか》なるときは心朗《ほが》らかなり。

『性霊集』巻第二より

【現代語訳】

環境は、心に従って変わるものである。心が汚れていれば、環境は悪くなる。心は、環境に寄り添って動いている。環境が静かであれば、心は清らかである。

《解説》

現代社会では、物質面では何もかもが発達し、われわれは便利な生活を享受している。しかし、人の心はどうだろうか。いくら環境がよくても、心が汚れていれば、環境は徐々に悪くなっていく。心は環境に寄り添って動いているのだ。

私の青春時代と現代とは、全く違った日本列島となった。高度経済成長があり、都市も田舎も生活環境は便利になった。だが身近なところでは、家庭から出るゴミは格段に多くなったと思う。さらにペットボトルのポイ捨ては目立ち、プラスチック製品は大量につくられている。海では海鳥、魚の胃袋の中からプラスチックの破片が出て、海に住む生物の生存をも脅かしている。

現代は、人間にとっての便利な生活を求めるだけではだめだ。我々を取り巻く身近な環境または他の生物への思いも含めて、気を付けることが大事だ。そのことが、結果としてわれわれの心を豊かにしていくと思う。

心の余裕は環境の悪化と重なっていく。環境が乱れていると思えば、まずは身近な生活の中から気を付けることが大事である。自然環境を人為で壊してはいけない。

▼その６

筏《いかだ》は能《よ》く済《わた》し、車《くるま》は能く運ぶ。
然《しか》れどもなお御《ぎょ》する人なければ、遠きに致すこと能《あた》わず。
柁《かじ》の師なければ、深きを越《こ》ゆること能わず。

道もまたかくの如し。

『性霊集』巻第十より

【現代語訳】

筏はよく物を載せて渡し、車はよく物を運ぶ。しかしながら、御者《ぎょしゃ》がいなければ遠くまで運搬することはできない。舵《かじ》取りがいなければ、深い川を越えることはできない。仏道もまたこれと同じなのだ。

≪解説≫

物を運ぶとき、水上では筏が、陸上では車が役に立つ。しかしながら、しっかりと操《あやつ》る者がいなければ、遠くまで運搬することはできない。

これは組織やグループにおいても同じことがいえる。どんなに素晴らしいメンバーがいても、それを束ねるリーダーがいなければ機能しない。

また、筏や車は大きいほど運転が大変だが、組織も大きいほど偉大なリーダーが求められている。
　現代の日本では、確かな見識を持ったリーダーがいなくなっている、と感じるのは私だけではなかろう。日本列島は世界地図を広げると小さな島国であるが、その島国においてさえ舵取りをするリーダーがいないように感じる。ガラパゴス島になってしまった。長寿国であるがゆえにガラパゴス諸島で成長した大きな亀がまだまだ元気で上に立ち、過去の権勢で関係者を押しつけ、お互いに責任をなすりつけ合いながら、上位同士で事を収める。民主主義は三権分立であるというが、三権分立の国家は何処に行ってしまったのだろう。現代は、そんな政治を黙認して生活するしかない時代か。コロナ禍も、神風が吹き飛ばして終息させるというのか。原発は云何。日本沈没の映画の夢が甦る。

▼その７

牛羊《ごよう》に策《むちう》って道に趣《おもむ》くときは、久しくして初めて至り、神通《じんずう》に駕《か》して跋渉《ばっしょう》するときは、労せずして至る。

『性霊集』巻第二より

【現代語訳】

牛や羊にむちを打って道を進む人は、長時間かかってようやく到達するが、神通力で牛羊を駆《か》って山を越え、川を渡るときは苦労せずにたどり着くことができる。

《解説》

人間として成長していくには、よき仲間との出会いが不可欠である。また自分を主張するには、相手を大切にする必要もある。よき相手と円滑に交わることで、自分も大きく成長していくのだ。よき師と出会って努力することも、成長するために大事なことである。芸術、スポーツ、会社、学術、宗教の世界においてもそうである。

空海も入唐して恵果《けいか》阿闍梨と出会い、密教のすべてを継承したことで道が開けた。この文章は、長い時間をかけないとたどり着けない領域も、よき師との出会いがあれば短い時間で到達することができることを意味している。

恵果が入滅したこともあり、ふたりの師資《しし》関係はわずか半年余りであった。しかし空海は密教の教えを確実に受け継ぎ、日本にもたらすことができたのである。密教では「弟子《でし》見《み》」という行事がある。阿闍梨は弟子の機根《きこん》を見出し、弟子を確定するのである。この方法もまた一理あるところである。

▼その８

良工《りょうこう》の材《ざい》を用《もち》うるは、その木を屈せずして厦《か》を構《かま》う。
聖君《せいくん》の人を使うには、その性《しょう》を奪わずして所《ところ》を得しむ。

『性霊集』巻第四より

【現代語訳】

よき工人が材木を用いる際は、木の曲直に従い、無理することなく大きな家を建てる。聖君が人を用いる際も、その人の性質を奪うことなく、その人の個性に合ったところで用いる。

《解説》

解説不要のわかりやすい内容である。人間が人間の歴史をつくるということである。少し違った角度から述べよう。

一般によく知られている『三国志』に記された人間の行動は、その心理的描写まで実に詳細に綴られている。一々の描写は書けないので登場人物だけで、その行動を想像しよう。劉備《りゅうび》、関羽《かんう》、張飛《ちょうひ》から始まって、袁術《えんじゅつ》、袁紹《えんしょう》、王允《おういん》、華陀《かだ》、夏侯淵《かこうえん》、夏侯惇《かこうじゅん》、関平《かんぺい》、顔良《がんりょう》、魏延《ぎえん》、姜維《きょうい》、献帝《けんてい》、黄蓋《こうがい》、黄忠《こうちゅう》、左慈《さじ》、蔡瑁《さいぼう》、仲達《ちゅうたつ》、周瑜《しゅうゆ》、諸葛瑾《しょかつきん》、諸葛亮孔明《しょかつりょうこうめい》、曹操《そうそう》、孫堅《そんけん》、孫権《そんけん》、孫策《そんさく》、張松《ちょうしょう》、趙雲《ちょううん》、董卓《とうたく》、馬謖《ばしょく》、馬超《ばちょう》、龐統《ほうとう》、劉禅《りゅうぜん》、劉表《りゅうひょう》、呂布《りょふ》、霊帝《れいてい》、魯粛《ろしゅく》など登場人物は枚挙にいとまがない。

国づくりの歴史であるので、男性中心、武人中心であるが戦略家の智謀《ちぼう》も興味あるところである。少し示してみよう。

駆虎呑狼《くこどんろう》の計、偽撃転殺《ぎげきてんさつ》の計、まき餌《え》の策、赤壁《せきへき》の火計《かけい》、孫策のニセの葬儀、埋伏《まいふく》の毒と苦肉の計、連環《れんかん》の計などなど、人間が考える智謀がまたおもしろい。

歴史上の故事も少し示してみよう。

①「桃園《とうえん》の誓《ちか》い」

黄巾《こうきん》の乱を治めて、太平の世をもたらそうと劉備、関羽、張飛の3人が桃園で義兄弟のちぎりを結んだこと。

②「三顧《さんこ》の礼」

玄徳は、水鏡《すいきょう》先生こと司馬徽《しばき》から、「伏龍《ふくりゅう》か鳳雛《ほうすう》を得れば、天下を取ることができよう」と教えられる。伏龍とは、諸葛亮孔明のことである。玄徳は、三度、孔明の草廬《そうろ》を訪れ、ついに孔明に対面して説得に成功する。最大の敬意を払って迎えることを「三顧の礼をとる」という。

③「水魚《すいぎょ》の交わり」

玄徳が、「わしが孔明を得たのは、魚が水を得たようなものだ」といったこと。親密な関係のたとえである。

④「泣いて馬謖《ばしょく》を斬る」

個人的感情としてはそうしたくはないが、全体観では非情なふるまいもあえてしなければならないこと。

⑤「死せる孔明、生ける仲達《ちゅうたつ》を走らす」

五丈原《ごじょうげん》で、司馬懿仲達と対陣していた孔明は、撤退をよぎなくされた。孔明は自らの死を悟り、自分の木像をつくって車に座らせた。孔明の死ののち木像を見た仲達は、孔明の計略と思い逃げ去る。

空海がいう「良工の材を用いる云々」「聖人の人を使う云々」の内容は、三国志のなかで動いている人物像と重ねると理解が深められると考え、突発的ではあるが述べてみた。

この項の《解説》は『三国志』が主となってしまった。青春時代に『三国志演義』を読んだ、その感動を忘れられず、これまで数回読んだ。各々の人間が自分を主張し生きている世界がそこにはあった。人間は、ひとりでは生きられない。個人が社会の中で生きていくという人間関係は、今の世も同じである。マンガ『三国志』（横山光輝）はよくできている。『三国志』の理解は、まずはマンガでよかろう。

▼その9

仏法遥《ぶっぽうはる》かに非ず、心中《しんちゅう》にして即《すなわ》ち近し。真如外《しんにょほか》に非ず、身を棄てて何《いず》くんか求めん。

迷悟《めいご》我に在《あ》れば、発心《ほっしん》すれば即ち到《いた》る。明暗《みょうあん》他に非ざれば、信修すれば忽《たちま》ちに証す。

哀れなるかな哀れなるかな、長眠《じょうめん》の子。苦しいかな痛《いた》いかな、狂《きょう》酔《すい》の人《にん》。痛狂《つうきょう》は酔わざるを笑い、酷睡《こくすい》は覚者《かくしゃ》を嘲《あざけ》る。

『般若心経秘鍵』より

【現代語訳】

仏の教えは、遥かかなたにあるものではない。我々の心の中にあって、まことに近いのである。真理は、我々の外部にあるものではないのですから、この身体を捨ててどこに求め得ることができようか。迷いとさとりは、いずれも自分の内部に存在しているのであるから、悟りを求める心を起こすと同時に、さとりに到達しているのである。明るい世界（さとり）と、暗い世界（迷い）は自分にあるのだから、仏の教えを信じて努力すれば、悟りの世界は、たちどころに開けてくるのである。

哀れなことよ、哀れなことよ。さとりの世界の近いことを知らずに、長く眠りこけている者よ。まことに苦しいことよ、痛ましいことよ、迷いの世界に満足して酔いしれている者よ。とかく酔いしれた人は、酔っていない人を笑い、いぎたなく眠る人は、寝覚めている物を嘲るものである。

《解説》

内容は、現代語訳のとおりであるのではぶく。人間誰しも同じである。ベルギー人詩人のモーリス・メーテルリンクの描いた童話『幸せの青い鳥』と同じ意味といえよう。

《閑話一言》

「富」は地球の上で動いている。かつては、古代のエジプトに富が集まった時代があった。中国に富が集まったときもあった。ロシアにもあった。また西洋諸国にもあった。そしてアメリカにも。世界的に見て、その時代その国がいちばん豊かだったときに、これらの国を振り返ると、あることがいえるのではなかろうか。それは為政者が、専制君主であろうと一般大衆であろうと、富を持った国は、その民族独自な人類の遺産ともなるべき何かを残している。

昭和という時代に、日本に大きな富ができた。そのとき「経済大国」といわれた日本が残すに足りる文化遺産は何なのか。時計とか自動車もそのひとつといえるかもしれない。その昭和が終わり、平成も終わり、令和となった。

今昭和、平成時代を振り返るとき、昭和、平成が残したものは、明治維新後の文明開化期と同じく、欧米真似のコピー文化であり、さらに第2次世界大戦後はアメリカ追従の思考であるとしてのイメージしか残らないように思う。これは私だけの回想ではなかろう。そのような中で強いて昭和、平成を探せば、マンガの世界は「マンガ文化」として残るといえよう。マンガ文化は素晴らしい。いつも感動させられていることを一言しておきたいが、どうだろうか。

第10章　数多くの出会いに感謝

日常生活の中での気づきとは何か

川喜田二郎先生と出会う

私は徳島の寺を離れ高野山大学に入学、空海の思想が面白くなり、空海を研究するため高野山で住むこととなった。現在も空海を求めていることは変わっていない。

空海を研究するについては、実に多くの先生方にお世話になった。いま振り返ると青春時代の私は自我の塊であった。誰とも議論して自己の主張を曲げない、厄介な青年であった。そのように自己確立をしていた私が自分の学問方針をどこで見つけたのか、そのことについて触れてみたい。川喜田先生との出会いがその最初であった。

私の場合は、自我のカラから飛び出すことができた。きっかけは文化人類学者の川喜田《かわきた》二郎《じろう》先生との出会いであった。東京工大の教授であった川喜田先生は、「移動大学」という活動をされていた。コンクリートづくりの大学では人間教育はできない、大自然を教科書として学ぼうというものである。そして日本列島をその場所とした。北海道の十勝平野、つがる市木造吹原屏風山の山中、沖縄、東京などを移動して「移動大学」を行った。全国で学生運動の激しい時代であった。学生が東京大学の安田講堂に立て籠《こ》もり抵抗した時代である。

移動大学とは、参加者が2週間のテント生活をする。一回大学を開くには1か月以上はかかる。その内訳を示すと「前プロジェクト（準備）。2週間のテント大学。後プロジェクト（報告書作成等）」となる。私は、この計画にのめり込み、移動大学のスタッフになった。川喜田（K）二郎（J）先生が提唱する「KJ法」なる「問題解決学」というやり方に信奉した。

移動大学は、その都度スタッフ以外に120人ほどの参加者が集まった。北海道十勝平野で移動大学をしたときの例を示そう。

十勝平野は一面宵待草で覆われ、黄色い大平原であった（宵待草の黄色い花色が月をイメージさせたので、宵待草が月見草として誤認されるようになったそうである）。日高山脈が遠望される。そこにテント村をつくるのである。私たちスタッフは、前プロジェクト（準備）でトイレの穴掘りから始めるのである。

テント大学には、大学教育や会社、人生などに疑問を持つ、いろいろな男女があらゆる階層から集まった。年齢もまちまち、まさに異質の統合という人間関係の中で、問題を「KJ法」で解決していくのである（体験なので、文章で伝えるには限界がある）。

2年ほどがすぐに消えた。頭で考える常識は吹っ飛んだ。お互いに「情念」という感覚で、体でぶつかり議論した。「自分を主張するためには、相手のいうことに耳を傾けねばならない」このことが理解できたのである。私はこの経験で、自分のカラを固めることをやめたのである。私は、大学院生であったが、気がつくと1年間全く大学に行っていなかった。でも大学では味わえない、人間学の勉強ができて満足であった。

他方、川喜田先生との出会いは、自分の研究を方向づけることとなった。何故か。当時川喜田先生はネパールによく出かけられていた。ネパールで井戸掘りをしているという。出かけるときは、カードを持参するだけ、帰省するとそのカードを資料に一冊の本を出版するのである。不思議であった。だが、これが私のヒントとなった。カード式資料整理へのヒントである。

私の空海研究の原点

私は、空海の文章をカードにしてはと考えた。空海の文章は漢字である。すると漢字の世界、つまり中国の古典の多くがカード化されていることに気がついた。『論語』、『荘子』などの「一字索引」である。そうか、空海の文章もすべて「一字索引」をつくればよい、と考えたのである。

不言実行。私は、このときから3年間高野山に籠り空海の文章の「一字索引」をつくることに没頭した。中国の士大夫を驚かせた空海の素養である。また『篆隷萬象名義』のような辞書もつくった空海である。漢字の辞書を見ると、普通漢字は5万字あるという。空海の使用した漢字の数はいくらあるのだろう、3万か2万か、わからない。パソコンもない時代であったので、私は一字・一字をすべてカードにし、整理した。

精神的に一番苦しい時期であった。「一字索引」のみに集中していたため、論文の発表ができなかったからである。3年ほどして、先が見えてきて意外なことに気がついた。空海が用いた漢字の総数は五千足らずであった。これならば私も空海の研究ができるのでは、と気づいたのである。この「一字索引」が私の空海研究の原点となった。

空海が用いた漢字一字の回数とその場所について、空海が文章で使用する2字単語について、対句の構造について、接続詞について、否定表現云々という空海の漢字の使用、空海の文章構造の方法が見えてきたのである。さらに空海の文章に見られる中国古典の影響を綿密に見出すことが可能になった。

日本での中国人の親友が尊敬する老師

私は、弘法大師空海を研究している。もっとも大切なのは、空海が使用した書き言葉は

「漢字」であることだ。日本語ではないのである。空海の時代も現代も、漢字の中心は、中国である。私の若いときは、中国との国交はなかった。昭和47（1972）年、田中角栄総理により国交が回復し、研究のうえでも中国人と付き合うこととなった。高野山の私のところにも、中国人が出入りし、一緒に生活することもあった。

私が中国の研究者と接するようになった初めは、50年前であろう。ある夏、日本に帰化している台湾出身の友達・林宏作先生が「私の尊敬する老師を案内するから」といって、高野山を来訪した。林先生とは大阪大学で知り合った学生時代からの友人である。林先生が案内されたのは、香港中文大学名誉教授の饒宗頤《ぎょうそうい》という老師であった。お茶を飲んでいると偶々《たまたま》雨がパラパラと落ちてきた。林先生が紙（書道の画仙紙《がせんし》）を出すようにといわれたので、私は用意した。饒宗頤老師は、筆を取って即座に漢詩を書かれた。日本の俳人が俳句をつくるようなものである。

深林晏座忘昏暁　萬籟寂處無啼鳥　疎雨数滴洗秋來　高山一望青未了

静慈圓法師正宛選堂

私が、中国の学者と直接会ったのは、これが初めてであろう。林先生も学者であり私が知る限り第一等の教養人である。彼の素養にはいつも驚き感心させられる。私の及ぶところではない。話の中で『佩文韻府《はいぶんいんぷ》』が必要となった。『佩文韻府』とは、中国語の辞書である。私はこれを用意した。私たち日本人にとって、漢和辞典といえば、諸橋轍次編纂の『大漢和辞典』十三巻である。この辞典を座右において、漢文を読む。『佩文韻府』は、『大漢和辞典』が基本とした中国版辞書といえる。

饒宗頤老師は、文字学の先生であった。『佩文韻府』を開いて、『佩文韻府』に引用されている中国古典からの出典を見ていたが、その間違いを直し始めたのである。辞書よりも饒宗頤老師の知識のほうが上なのだ。私は、これを見て日本人の及ばない一面を知った。私ごときが知り得る漢学の世界ではなかった。なお饒宗頤老師は、大学に行っていないという。教育は、幼少より家庭教師によるものであったという。往昔の中国の学問世界の一面に触れた、と思った。

本書の目標は、仏教、密教の思想で人間は救われているのか、との疑問である。この大きな目標に向かって、具体的に方向を定めがたいまま、あれこれと書き繋いで来たことは承知しているつもりである。ここまで書いて気づいたことは、やはり人間は十人十色ということであろうか。この当然なことを求めている自分の愚かさに呆れたともいえる。

だが「救い」とは何かの追求は私には残る。そこで最終章には、また自分に帰り、自分の日常生活の中で具体化することとした。

日本での中国人の親友

私は多くの人間と接しながら生きてきた。空海の研究から中国人との人間関係が多いので、以下は私と中国人との関係に絞って触れていきたい。その現実生活の気づきの中で私も救われているのである。

「相手の立場を理解する」ことは、外国人との間では、なお難しい。それぞれの民族の歴史、文化、思考、生活様式が違うからである。次に述べる親友は研究者として、または文化交流を共にしている友達である。何例かを示してみよう。

高野山で私が住職をしている寺に、弟子として移住している中国人の僧侶、A君がいた。3年間一緒に生活した。あるときA君が友達を連れてきた。餃子をつくり、御馳走してくれるという。餃子には自信があるという。女房が「台所を使っていいよ」といった。夕方になり、ふたりは餃子をつくり出した。台所でカタカタと音がしていたが、やがて餃子ができたという。確かに美味しい。満腹であった。さすが本場の餃子であった。

翌日の我々の朝食はパン。昼食のおかずはクルマエビであった。お歳暮の季節で、いただいた見事なクルマエビを冷蔵庫に入れてあった。女房がこれを取り出そうと、冷蔵庫を開けた。クルマエビはなかった。「アッ」と気がついた。確か昨夕食べた餃子に、エビが入っていた。見事なエビは、粉々になり、すでに私たちの腹に収まっていたのだ。

女房が「台所を使っていいよ」といった意味、それは「台所にあるものを使っていいよ」という意味だと、理解した。一生懸命料理して、美味しい餃子を食べさせてくれたのだから、「マッこれでいいか」。そういえばカタカタと喧《やかま》しく音がしていた。「そういう意味か」と女房と私はクルマエビを諦めた。

また、あるとき、中国人の友達が、高野山へ来た。食事を御馳走してくれるという。私の寺の台所を使った。料理が始まり、中華鍋の料理をしていた。例にもれず火柱が台所で舞った。女房と私は、一瞬ゾッとした。中国の鍋料理には、日本の台所は適していない。

夏、中国人の友達が子供とふたりで、私の寺に来た。10日間の滞在であった。台所・トイレのある離れ座敷に居てもらった。離れ座敷は、ひと通りの生活ができるようになっている。高野山の食堂、買い物の場所もわからないだろうと思い、食べるものを台所にそろえた。お米も必要だろうと5キロの袋を、用意した。あとで気づいたことであるが、ラーメンばかりを食べていたらしい。彼らが帰ったあとで1つ気がついた。米の袋がなかった。持ち帰ったらしい。確かに私は、すべて用意してありますから、といった。

滞在するにあたり、私が彼らのために用意したものは彼らのものである。何も不思議なことはない。「十分に気を遣ってくれてありがとう」という意味か、と納得した。

私のところでは、こういうことは日常茶飯事だ。生活の中の小さな出来事なのだ。民族が違うと、習慣、感情の受け止め方、生活様式は違う。日本人の考え方を、当たり前として押しつけることだけはしてはならない。わからないこと、また興味があれば、相手から接してくる。そこで話し合えばよい。

最近は、女房も心得たもので、何も気にしなくなった。外国人を「お世話」するときは、気がつくことは、徹底してお世話せねばならない。

中国人との付き合いの基本は、自分の主張は、はっきりと言うべきである。日本人特有の「この位はわかるだろう」との曖昧な態度は駄目である。そして家族同士の付き合いができるようになると、違和感はなくなる。本当の友達になれる。

北京放送局の日本語担当の女性が来た。私とは四半世紀の付き合いである。女房が高野山奥之院を案内したところ、すっかり疲れてしまった。何に疲れたのか、「日本語」にである。相手（中国人）が、正しい日本語の文法で話すのに付き合って、疲れてしまったのだ。「日本語とは何か」に気がついたようだ。

弘法大師空海の研究で、高野山大学に王益鳴《おうえきめい》先生が来られた。中国政府派遣研究員として文部科学省の受け入れである。北京大学で博士号を取得しており、博士論文は「弘法大師空海の研究」であった。高野山大学で2年間の滞在である。空港まで迎えに行き、王先生と初めて出会った。高野山大学には、外国人受け入れの制度がなく、大学の官舎は空いていなかったので、私の寺に居てもらうこととし、3か月ほどして、大学の官舎に移った。布団、炊飯器、冷蔵庫、扇風機、茶碗など生活に必要なものを用意し、大学の官舎に運んだ。夏には奥さん、子供さんも来た。冬が近づくとストーブも運んだ。王先生とは、今日まで長い付き合いをすることとなった。反対に中国では、私がお世話になっている。

敦煌《とんこう》研究院考古研究所所長、劉永増《りゅうえいぞう》先生とは、私が初めて敦煌に行ったとき、つまり45年前からの友達である。劉先生は、莫高窟《ばっこうくつ》の研究者であるのは当然だが、莫高窟に唐時代の曼荼羅が描かれていることを発見した。そして、その曼荼羅研究を大成された。中国に曼荼羅の研究者がいない今日において、この研究の成果を、中国の研究者は評価できなかった。そこで高野山大学とかかわり、高野山大学で博士号を取得したのである。劉先生も私の寺で3か月滞在し、高野山大学図書館で研究を深めた。

私が最初に莫高窟へ行ったとき、研究所は莫高窟の前にあり、研究者は十数名であった。だが現代は、研究所の位置も変わり、2000名の研究者がいるという。

中国の研究者、僧侶、政治家とは、いろいろな思い出が多くあるが、私が日本でお世話していることなんて小さなものである。私にとっては考えの及ばない、遙かに大きな多くのお世話を、私がいただいているのである。親友としての付き合いとは、「心を許し合える」付き合いである。自分の執着だけに閉じこもらず、信ずる方向に心を開いて、相手の声を聴くことである。それにしても中国人の心は大きい。大国であること、そして歴史の深さが大人をつくるのだろう。私は、そのように思っている。

中国での中国人の親友

上海復旦《ふくたん》大学教授韓昇《かんしょう》先生とは、中国で共に「密教、空海の学会」を何度か行った仲である。韓昇先生は、私の博士論文『空海密教の源流と展開』の大著を中国語に翻訳し、中国での出版に尽力してくださった。空海と中国古典の関係を研究した私の著書は、中国と日本の比較研究として、現代の中国の学会に役立つということである。それぞれの専門分野で、自分がこれだと思う仕事に、損得などはないのだ。翻訳という大仕事であった。空海が現代中国にデビューすることとなったのは、この仕事が大きく影響しているといえる。ありがたいことである。韓昇先生とも、家族ぐるみの付き合いである。

▼「空海ロード」を開設する

延暦23（８０４）年、空海は31歳で入唐する。九州五島列島を離れ、東海にでてすぐ暴風雨に遭う。34日間海上に漂い、九死に一生を得て、霞浦赤岸に漂着する。通常は、浙江《せっこう》省《しょう》の東端寧波《ねいは》近くに到達するはずが、福建省霞浦赤岸まで漂流したのである。ここから西《せい》安《あん》青《しょう》龍寺《りゅうじ》までは２４００キロある。私はこの道を昭和59（１９８４）年に踏破した。空海の入唐以来、１１８０年を経て初めて追体験したのである。大仕事であった。以来毎年春と秋に、日本の空海信徒と共に巡礼している。

私はこの２４００キロを「南方コース」、「運河コース」、「古都コース」の三区分に分け、２００４年「空海追体験の巡礼道」を「空海ロード」と命名し公開した。この道を二十数

〔空海入唐の足跡〕

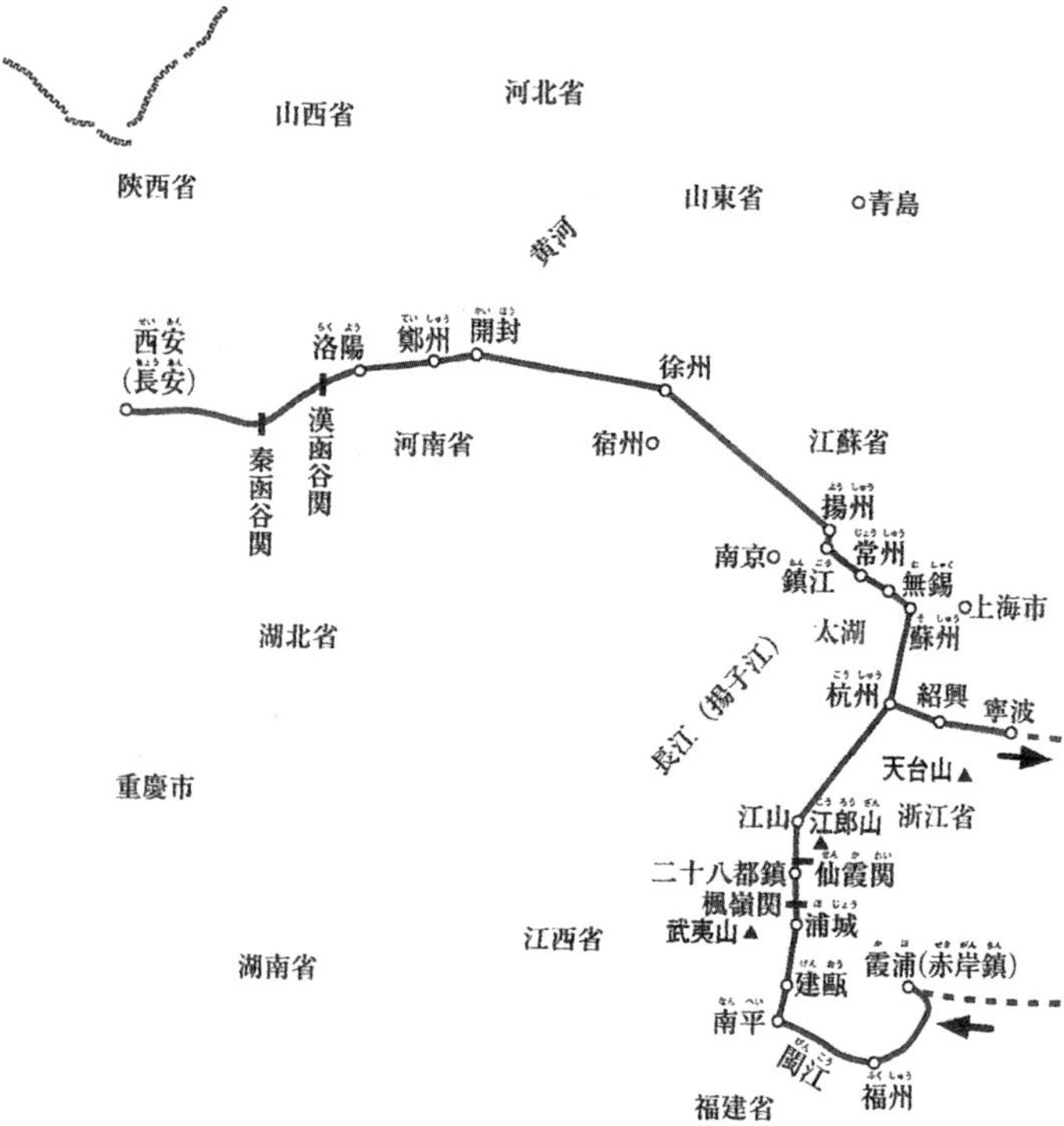
山西省
河北省
陝西省
山東省
青島
黄河
西安《せいあん》
(長安《ちょうあん》)
洛陽《らくよう》
鄭州《ていしゅう》
開封《かいほう》
徐州
秦函谷関
漢函谷関
河南省
宿州
江蘇省
揚州《ようしゅう》
南京
常州《じょうしゅう》
鎮江《ちんこう》
無錫《むしゃく》
上海市
太湖
蘇州《そしゅう》
湖北省
長江（揚子江）
杭州《こうしゅう》
紹興
寧波
天台山
重慶市
江山
江郎山《こうろうざん》
浙江省
二十八都鎮
仙霞関《せんかかい》
楓嶺関
浦城《ほじょう》
武夷山
江西省
湖南省
霞浦《かほ》(赤岸鎮《せきがんちん》)
建甌《けんおう》
南平《なんぺい》
閩江《びんこう》
福州《ふくしゅう》
福建省

回は踏破しただろう。最近は中国人も参加し一緒に巡礼している。中国人の空海信徒が出てきたのである。「空海ロード」巡礼道の各地の人たちとは、親しくなり常に文化交流を重ねている。今は、新型コロナウイルス感染拡大のため中止している。

２４００キロの巡礼道では、各地域の政府の要人、寺院の住職が公認し出迎えてくれる。巡礼道にあたる福建省から浙江省に入った田舎道「二十八都鎮」は、唐代の公道にある。日本の東海道のようなものだ。空海の名において現代に甦った。巡礼道には、このような地区が多くあり、観光地となっている。現代中国に空海が甦っているのである。

▼中国での書画の個展

平成22（２０１０）年4月には、杭州西湖《こうしゅうせいこ》畔の浙江西湖博物館で「静慈圓書画個展」が開催された。中国の教養人の結社である「西泠印社《せいれいいんしゃ》」の方々が全面協力してくれた。私は西泠印社の名誉社員として迎えられた。翌年10月には、四川省峨眉山報国寺《しせんしょうがびざんほうこくじ》で「静慈圓書画個展」が開催された。四川の仏教協会、楽山市《らくざんし》の政府の方々が全面協力してくれた。

私が、中国で仕事として行ってきたこれらの出来事は、弘法大師空海に自分を預けてしまい、漢字文化圏の中へ、無我になって飛び込んでいく心持で始めた。中国文化と日本文化の接点を見つめた文化交流を考えたのである。そこで多くの中国人の賛同を得て、仕事

〔「静慈圓書画展」(2010年・浙江西湖博物館)〕

◆展示の様子（仏画）

◆展示の様子（書）

となった。自分の主張を押しつけるのではなく、相手の声を聴いて、共通するところを見つける。その中で、心が通じ合うと、仕事は必ず達成できるのである。

現代中国の復興寸描

私が現代中国に興味を持ち、かかわりを持ったのは、弘法大師空海を研究しているからである。空海の言語が漢字であるからである。この当然のことは、私と現代中国とを結びつけた。私は、空海の入唐求法《にっとうぐほう》（８０４～８０６年）に、空海の燃えたぎるエネルギーを感じている。１９８４年に空海の入唐求法のルートを踏破したことは、この道の人々との関係を深め、多くの友達ができた。

今ここでは、現代中国について触れておきたい。40年ほど前の中国といえば、男性も女性も人民服を着て、北京も上海も自転車の洪水であった。北京・上海の百貨店にはエスカレーター、クーラーもなく、陳列の商品ケースは汚れて、中には何も入ってなかった。日本の戦後と同じようなもので、全土が実に貧しい国であった。

ここ四十余年で中国は激変した。自転車の洪水は、次第に豊かになる経済の中で、自家用車に代わった。高速道路が都会・田舎に関係なく、中国全土にでき、高速鉄道（新幹線）も走るようになった。全土で高層ビル群が林立、バブル景気が始まった。

中国で国内旅行が始まったのは、25年ほど前からであろう。国内旅行が急速に始まったのが機縁となり、風光明媚な土地、古い歴史のある場所、少数民族、各地の食文化への関心などから、それらの場所が観光地となった。国内の空港は劇的にマンモス化した。

そして自家用車で遊びに行けるリゾート地の開発が始まった。女性のファッションは特に機敏に変わっていった。男女関係も自由になった。そして富裕層の外国旅行、2010年あたりから「爆買い」を目的として来日を始めたことは日本人もびっくりした。令和2（2020）年1月、新型コロナウイルスが感染拡大、中国人観光客はぴたりと止まった。

このように経済が急激に変化した中で、私は中国人との関係を保ち、中国の現場でいろいろな行動ができたことは幸運であったといえる。現代の中国人は何を考えているのだろう。私は常にそのように思いながら行動した。今一度、「文化交流」の立場から述べてみたい。

現代中国は豊かになった。アメリカが豊かになった中国経済を無視できない現実は、周知のとおりである。ここに中国人の変化が現れ出した。それは歴史を見直すという作業である。豊かになった中国人は、中国人である自分の誇りとは何かを考えるようになった。

そこで気づいたのは、唐時代という歴史の中での中国である。この傾向は、20年前頃から急激に進みだした。「唐代文化」の国際学会が急に多くなったのである。唐代文化を追究していくと「唐代仏教」が必要となる。唐代仏教の研究を進めていくと、唐代仏教の中でもっともきらびやかに輝いていたのは「唐代密教」であった、ということに気がつく。

巨大な経済力を持つ中国仏教

私が一番関心を持っているのは、やはり中国仏教である。人間を救う意味において仏教が大きくかかわっているためである。中国仏教はどのように変化してきたのであろうか。文化大革命（１９６６〜１９７６年）の時代、仏教迫害は悲惨なものであった。私が初めて中国へ行った40数年前は、その後遺症はまだまだ残っていた。寺の広い庭で紅衛兵《こうえいへい》が毛《もう》沢東《たくとう》語録の赤本を持ち輪になって大きな旗を振っていた。中国全土において仏教信仰はなかった、といえるほど仏教の存在はなかった。仏教は、南方の華僑《かきょう》と関係している地域でわずかに存在している程度であった。

しかし時代も変わり、急激に豊かになった中国が、寺院経済に大きく影響を与えることとなった。儒教、道教、仏教の中で、仏教に対して祖先崇拝と現世利益への関心が強まり、寺院への参拝が始まった。寺院経済は中国全土において、日本人が理解できない動きをしている。

静安寺《せいあんじ》（上海）

静安寺の住職慧明法師は、私が中国へ行き始めた当初からの友達である。私は昭和60

（1985）年から毎年静安寺を訪れている。静安寺は、日本でいえば廃校になった田舎の木造建ての小学校同然であった。文化大革命も終わり、共産主義中国における仏教寺院は、政府の宗教保護政策もあって順次かわっていった。

上海では、玉仏寺、龍華寺、静安寺などが保護のもとに変革し始めた。静安寺住職の慧明法師は東奔西走して復興に努力した。私は慧明法師のこの努力を見てきた。慧明法師は、時代の趨勢を読み取り、とんでもない構想で寺の復興を始めた。一例を挙げれば、大雄宝殿《だいゆうほうでん》（日本の本堂）を見ると、一本一本の太い柱は、すべて南方の香木が集められている。堂内の本尊は15トンもの白銀でつくられている。他の建造物、敷石なども選別され尽くした素材を使用している。

私は、「なぜここまでこだわるのか」を尋ねた。法師は「バブルである今の中国では、このようにできる」そして「建物ができると、次は僧侶の教育です」と話した。慧明法師は、自らも中国の有名大学である復旦大学の大学院を卒業している。

大仏禅院（四川・峨眉山市）

中国仏教の現代の指導者は、慧明法師のように考えている者が多い。私は中国全土で仏教がこのような方向で進んでいる現実を、三十数年その現場で見続けている。四川の大仏禅院は、東洋一の大規模仏教寺院をつくった。選び抜かれた素材で建設された建築群には、すべてに彩色が施されており、その繊細な技術に圧倒される。広大な大伽藍は、城壁と同じように囲われ、夜になるとネオンでとりまかれ輝く。言葉では言い尽くせない寺院復興である。

私は大仏禅院方丈昌明法師と、四川省楽山市人民政府の協力で、峨眉山の古刹報国寺で「静慈圓書画展」を行った。

青龍寺（西安）

青龍寺は、空海が恵果阿闍梨から密教の法を受けた（805年）寺である。

中国の研究誌（『考古』5）に長安城を研究している馬得志先生（当時・中国社会科学院考古研究所西安研究室主任）の論文が出た。馬氏は長安城の研究者であり1957～1962年に掛けて長安城を調査し、東壁の「延興門」と「新昌坊」の遺跡を発掘した。1973年第2回目の調査のとき、新昌坊の街路を発掘し、青龍寺の位置を確認した。青龍寺は、文献には見だせるが、地図の上では確認できていない。それが考古学で発掘されたのである。空海を研究する私にとっては一大事である。私が最初に研究した寺でもある。

昭和55(1980)年6月私は初めて青龍寺を訪ねた。見わたす限りの麦畑で何もなかった。このとき馬先生と会い、馬先生の「唐青龍寺遺跡平面図」によって発掘現場で説明を受けた。中国学会には馬先生が、日本の学会には私が「唐青龍寺の遺蹟とその発掘状況」(『密教学会報』第19・20合併号）と題して発表した。

昭和59（1984）年は、「弘法大師空海御入定1150年御遠忌」の年であった。その記念事業に真言宗各派大本山会（各山会）は、団結して青龍寺の建設を中国側に要請した。青龍寺は、各山会の費用で「恵果空海記念堂」の命名で建設された。広い麦畑にこの「恵果空海記念堂」だけが建立された。それが現代の建物である。

以後、中国はバブル経済の時代に入った。現在の青龍寺は、各種の建造物が立ち並び大伽藍となっている。青龍寺の寛旭方丈とは、30年前から関係を持ち、お互いに唐密復興に努力している。

大明寺（揚州）

大明寺は、鑑真僧都が住職をした寺である。鑑真僧都は、海上で6度の遭難を受け盲目となるが、仏教の戒律を日本に伝えるため渡来した。唐招提寺に住まわれた。この大明寺も仏塔僧房共に甦った。唐密復興のための密教道場「密厳院」が完成した。

私は、現代中国でバブル経済をつくってきた多くの政治家たちとかかわってきた。彼らは、中国各地で都市構造を考え、歴史産物を見出し、観光と結びつけ、現代中国の動きをつくりだしている。

仏教もその流れに沿っている。仏教の古刹《こさつ》は、その歴史と地域性と信仰が認められ、寺院の存在は、地域社会の中で生かされている。古刹は古刹の特性により生かされ、新しく建築されていく寺院は、現代中国人が抱えている救いとうまく一致させている。

現代中国人が抱えている救いとは、一般的には祖先崇拝である。若者にとっては入学試験の合格、就職、マンション購入、結婚、子供の教育、健康などと現世利益とつながっていく。したがって仏教寺院には、若い参拝者も多い。

寺院を参拝するその人たちが素直なのには驚く。私は、このような場所に多く巡り合う。経済大国となった中国は、経済へのがめつさと、信仰への純粋さが混然としている、不思議を感じる民族である。

今ひとつ、この三十余年の間に常に経験してきたことがある。それは都会・田舎にかかわらず、人々が集まるといつも書画作品を書くことである。交流が始まると必ず字を書きあう。ここに中国の歴史は漢字文化であることを痛感するのである。いちいちの例は省くが、中国人の根底に漢字文化があるという事実はいつも実感させられている。

中国密教の復興への問題

中国密教は、インドからの導入である。開元《かいげん》4（716）年、インド僧善無畏《ぜんむい》が陸路で長安に入り、興福寺《こうふくじ》の南院に落ち着いたのち西明寺《さいみょうじ》に移る。善無畏は『大日経』系の密教を伝える。開元7（719）年、同じくインド僧金剛智《こんごうち》が海路から長安に入り、慈恩寺《じおんじ》に落ち着いたのち薦福寺《せんふくじ》に移る。『金剛頂経』系の密教を伝える。この二系統は恵果《けいか》阿闍梨が相承《そうじょう》したとされ、恵果の密教は空海が相承する。

この『金剛頂経』系が漢字に翻訳された。空海は入唐において特に金剛頂経を収集した。当時の日本には金剛頂経系の経典は伝わっていなかったためである。翻訳者の不空《ふくう》訳を空海が多用したことは先に触れた。また空海は、長安でインドの阿闍梨般若三蔵《はんにゃさんぞう》、牟尼《むに》室利《しつり》三蔵から梵字《ぼんじ》、インドの思想を学んでいる。空海の学問、教養の深さは、入唐において限りなく広がったのであ

〔唐代の密教（716〜845年）〕

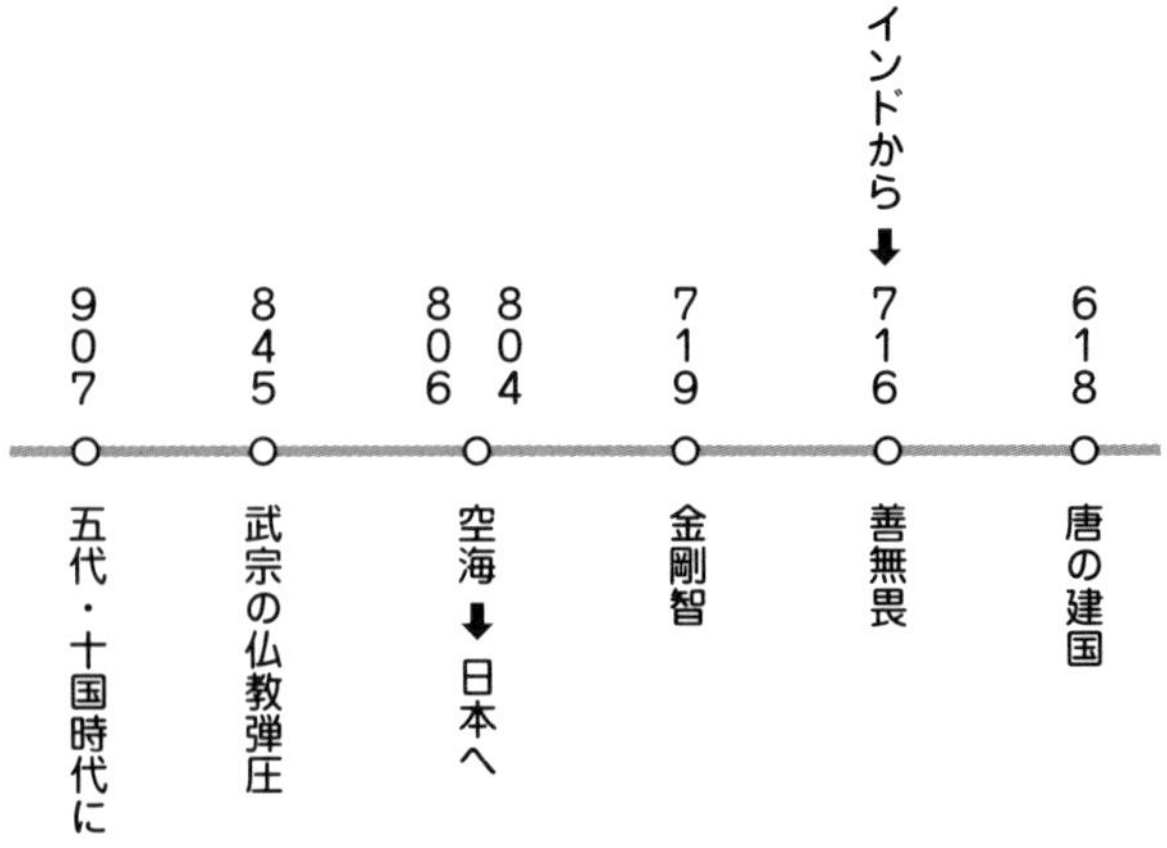

る。
会昌《かいしょう》5（845）年、武宗《ぶそう》の仏教弾圧があった。最悪の法難であった。のち禅系統の仏教、浄土系の仏教はゆるやかに復興を見る。この流れが現代仏教の主流である。しかし密教は、会昌5年の廃仏以後、復興を見ず現代に至っている。つまり唐において密教が栄えたのは130年ほどであった。

ここに空海の入唐があった。歴史の不思議であるが、恵果の弟子は数千人いたが、密教の両部を継承したのは空海ただひとりとなるのである。空海は密教を継承して日本に持ち帰る。唐代密教は、現代中国にはなく日本で栄え、今日に至る。ここに現代中国における唐代密教復興の問題がある。3つの方面からの問題が考えられる。

▼その一、思想研究からの復興

昭和59（1984）年、私は空海の入唐ルート2400キロを再現し、この道を踏破した。このことは再三書いてきたのでここでは触れない。それから5年後の平成元（1989）年、福建省寧徳市《ねいとくし》社会科学連合会に「空海研究会」が設立された。中国における「空海研究」の発端である。以後、「唐代密教の研究」は、急に盛んとなり、復旦大学、陝西師範《せんせいしはん》大学、山東大学、西北大学、北京大学などが参加者を募り、国際学会として各所で開催された。中国社会科学院の公認学会として常に大学と寺院が提携して行われた。大学は研究者を集め、学会費用は主に寺院経済が支えたのである。順次参加する僧侶もでてきた。寺院独自に「中国仏教」、「中国密教」、「空海」でテーマをつくり、国際学会を開催することもあった。そのつど大部な「学会誌」が発刊された。

私は、14回の国際学会のすべてに参加して、発表している。国際学会は盛んであるが、学会全体の問題も見え始める。それは中国に唐時代の密教資料が少ないことである。そのため資料収集をテーマにした学会の開催もあった。また平成28（2016）年11月17日、西安大興善寺《だいこうぜんじ》に「中国社会科学院仏教研究中心密宗文化研究基地」が発足した。それにしても日本の研究者は、いつも5人に満たず、寂しい限りである。この現実をどう考えたらよいのであろうか、と思う。

▼その二、密教阿闍梨の養成

現代中国には、会昌《かいしょう》5（845）年の廃仏以後密教がない。それはなぜか。密教は師資《しし》相承《そうじょう》で伝わる。師から弟子に伝わる。このことはインド、チベット、日本の密教共に厳しくいわれ、今日もこれが原則である。中国密教は会昌5年以後、阿闍梨がいなくなったのである。

最近、このことに気がついた僧侶もおられる。空海が法を受けた西安青龍寺の寛旭《かんぎょく》方丈である。また揚州《ようしゅう》大明寺《だいめいじ》の能修《のうしゅう》方丈である。寛旭方丈は、平成28（２０１６）年1月13日、高野山金剛峯寺で得度《とくど》した。ついで6月8・9・10日と授戒《じゅかい》。6月12日から百日間の「四度加行《しどけぎょう》」に入り、無魔成満《むまじょうまん》し、11月3日伝法灌頂《でんぽうかんじょう》頂を終え、阿闍梨になった。能修方丈は、平成29（２０１７）年7月18日、高野山金剛峯寺で得度した。以後寛旭方丈と同じく、授戒。百日間の「四度加行」に入り、無魔成満し、伝法灌頂を終え、阿闍梨になった。中国のふたりの方丈は、日本でいえば、本山の長老の職位であるが、日本に来て得度（初めて僧侶になる式）から始めた。その法を求める真摯な態度は、中国密教の再生を願う私にとってありがたいことである。

なお大明寺の能修方丈は、自分の得度より3年前に弟子の仁如《にんにょ》法師を高野山に送り込んできた。仁如法師は、日本語に精通しており、私が知る限りでは空海の再来のような若者であった。彼は、私の弟子として、高野山でもっとも厳しい修行道場「専修学院」に入れ1年間修行させた。

中国の僧侶は誰もよく肥えているが、仁如法師は、15キロ痩せた。寛旭方丈、能修方丈は、10キロ痩せた。中国へ帰ると、その体を見ただけで誰もが、日本での修行を納得したという。

高野山大学では、現在中国の若者が13人修行している。これらの者が中国に帰り、唐代密教を再興するであろう。空海が中国からいただいた密教を、中国にお返しする事業が始まっているのである。

▼その三、密教道場の建設

中国人の阿闍梨が生まれ、中国に帰る。しかし中国には立派な寺は雲集しているが、密教道場がない。密教は、特殊な作法が多くあり法具が必要になる。

中国の仏教経済は、破竹のごとくの勢いである。したがって密教に関心のある僧が、阿闍梨でもないのに密教道場をつくっている寺がある。また日本のビデオなどを参考にして、見よう見まねに自室に「護摩壇《ごまだん》」をつくり、護摩の火を焚《た》いている僧がいる。趣味であろうか。このようなものは排除せねばならない。

そこで揚州大明寺に密教道場をつくっている。「密厳院《みつごんいん》」という。建築設計にかかわる業者、仏像、仏具等にかかわる仏師らに高野山に来てもらい、種々の堂宇を見聞していただき施工を進めている。密教道場の基本ができるであろう。これも密教を中国へお返しする仕事である。また青龍寺、少林寺が、密教の道場建設に動いている。

以上の3点で、唐代密教が中国で甦るであろう。それを期待しながら、このあたりで留めておこう。

おわりに

現代日本では、高度成長期があり、50年前から核家族化が進んだ。医学・医療の発展などから、人生が急に長くなった。ふと気づくと超高齢社会になっている。夫婦共に高年齢になった。連れ添いも亡くなり、ひとり暮らしの人も多くなった。孤独な人が多くなったと思う。現在は、日本の経済成長も望めない時代である。

60歳から受給できた年金制度が、65歳からになるという。すると60歳から65歳の者の暮らしが成り立たない。そこで60歳の定年を65歳に義務づけるらしい。すると若い者の就職活動に直接響く。このように社会がくるくる回っている。そのうえ、東日本に地震、津波が来た。これは天災である。

さらに人災の原発事故が起こった。これは、まさに人災である。福島第一原発事故発生と同時に「メルトダウン」の言葉の報道は、耳にタコができた。工学者小出裕章《こいでひろあき》氏の言葉は、胸に響く。彼は原発にかかわった張本人である。「原発の場」に身を置きながら、原発の非を認め、安全神話の間違いを指摘し、原発廃絶に人生を捧げている。

安倍晋三《あべしんぞう》元首相は、世界に向かって原発を「アンダーコントロール」と見栄を切り、オリンピックを日本に呼んだ。この発言にびっくりした者も多くいた。あれから10年以上、福島の原発問題は、何も解決されていない。この問題、福島第一原発からの汚染水は、多核種除去設備「アルプス」で処理したとし、処理水として2023年7月24日海洋放出を開始した。

令和2（2020）年2月には新型コロナウイルスが、世界中に広がった。菅義偉前首相は、翌年7月のオリンピック大会開催の意義を「人類がコロナとの闘いに打ち勝った証し」にすると、国民に発表したが、いつの間にか「世界の団結の象徴」にすり替えた。言葉のすり替えが、日本人は巧みである。「敗戦」を「終戦」、「全滅」を「玉砕」、「撤退」を「転進」、「占領軍」を「進駐軍」、「汚染水」を「処理水」、「監視カメラ」を「防犯カメラ」、「脱税」を「申告漏れ」、と次々変わっていく。

仏教の戒律の基本に「不妄語《ふもうご》」がある。嘘をつかない、ということである。嘘をつくと、それを正当化するために、嘘をつく。嘘が嘘を呼び、さらに重なりどうしょうもなくなってしまう。仏教思想の基本である。

世界的には、ホロコースト（ユダヤ人大虐殺）はでっちあげであると否定する誤った情報もある。嘘を正当化すること、嘘を許容すること、嘘に慣れることは恐ろしいと思う。

最近「記憶にございません」の答弁が日常化した。この政治に情報機関は抑えられていると思う。私たちは情報を鵜呑《うの》みにしてはならない。中国、ロシア、北朝鮮の情報では最後は常にかの国が悪である、となっている。今一度、自分で考えてみよう。

今は、日本列島の先が見えない状況である。日本列島は世界の中のガラパゴス島になってはいけない。

私は、何かを考えているのであるが、私も残りの人生に慌てているのだ。その中に中村《なかむら》哲《てつ》医師が行動している姿が夢に出てきて、私を駆り立てた。中村医師は、人間を救っていた。それは本書の「はじめに」に書いておいた。そのことが私を突き動かし、本書を書くことを思い立った。

本書は、人間の救いについて書くこととした。「人間を救う」「人間が救われる」とは、どういうことなのだろう。仏教は2500年も続いているのであるから、仏教思想の中にその答えを見出せるだろう。この思考を、現実社会に落とし込めないものか。我々人間は生きているのであるから、できると考えた。私に一番近い人間は「私」である。だから私を中心にした。

私は生きている。生まれてきた私は必ず死ぬ。だから「生」とは何か、「死」とは何かは大事なテーマである。その間で生きているのが「命」である。命には、見える命「身体」と、見えない命「心」がある。だから身体と心の救いを考える。そして身体と心を創り動かすものは何かを考える。

考えることは楽しい。そこでは他人に迷惑はかからないから気は楽だ。まず初めに「命」を一番よく救っているのは医学であろう、と思った。これは目の前で見えている。医学が人間を救う範囲は、各病院の「診療科のご紹介」を見れば書いてある。

私の場合は、仏教思想からの救いを見出そうとした。仏教の唯識《ゆいしき》思想の阿頼耶識《あらやしき》から「脳」に入り込み、脳を中心において脳科学で人間の行動と心を考えることとした。人間を動かしている脳の構造が見えてきて聊《いささ》かの人間の動きとつながった。医師は、医学によって、200年ほど前からのデータをもって人間を救っている。僧侶は、仏教学によって、2500年ほど前からのデータをもって人間の喜怒哀楽を救っている。

長男が医師であるので相談した。長男は西洋医学と東洋医学を研究している。即座にお叱りを受けた。「仏教学をしている親父が、医学の世界に入るのは無謀である。親父は、仏教の立場でいうべきである」。例えばラクビーの選手が、野球に興味があるからといって野球の選手になれるわけではない、と。然《しか》り、その通りである。だから方向転換し、仏典を中心として、その中で考えることとした。

仏教の中においても問題は広がった。仏教といっても釈尊は2500年前、空海は1200年前から、各時代との関係を「救いをテーマ」に述べなければならない。私は常に現実主義、現場主義で生きてきた。ともかく仏教思想から現代社会との結びつきを探っていくこととした。結果として、果たして本書が人間の「身体」、「心」とつながり、「救い」の方向へつながったのか、はなはだ心もとない。

むしろ大きな問題が残った。一般に我々は、人間の中で起こる事象を「科学的」という言葉のマジックで納得させられている。科学的に証明されないものは非科学的として信頼されない。例えば医学は科学的であるという。科学とは何か、という問題である。

科学は、一定の目的・方法のもとに種々の事象を研究する認識活動、またその成果としての体系的知識である。研究対象または研究方法のうえで自然科学、社会科学、人文科学などに分類されているようだ。また1950年代からは「認知科学」なる言葉で認知心理学、認知神経科学、認知言語学、認知人類学などの分類方法もあるようだ。ただここでも「認知宗教学（仏教学）」という項目は分類の中には見出せない。

いずれにしても宗教、哲学、芸術などは科学としての範疇にはおかれていないが、宗教、哲学、芸術で、救われる人間はいる。

仏教は宗教である。すると仏教は、科学の言葉の中での位置づけは、できないのか。仏教で、人間は救われているのだが。つまり科学と仏教学との関係が、問題として残ったのである。人間の「心を救う」を課題にしても、科学で救われているのは、仏教学の救いの中の一部である、といえる。確かに仏教思想は、２５００年前から人間の心を救ってきたのだから。

私は、老後は芸術の世界に身を置き、「生」をまっとうしたく考えている。いずれにしても生きていることは、楽しいのである。

本書は、書き残そうと思う事柄を十分に書いてみた。したがって内容は項目が前後し分量も大小雑然となった。それを坂本夏子さん（はる制作室）に整理していただき本書の体裁ができた。坂本さんの努力なしに本書はできなかった。また私の長男静貴生からは、いろいろアドバイスをもらった。その上に大法輪閣に御縁をいただき、石原英明氏には厳しい御指摘を頂戴した。人生にあわてている私の発想のおろそかさ、無謀な文章の稚拙さをプロの立場から徹底的に御指示いただいた。関係していただいた方々に重々に感謝申し上げる。

今は、何か書き残したいことがまだ書けていないと感じながら、私の思索はこの程度であったと認めて、筆をおくこととする。

本書発刊に対しての最後に一言。

20数年前になろうか。セルバ出版の森忠順氏が高野山大学に来られた。世間では空海とか密教は言葉としては知っているが、その内容が理解できる一般書があまりにも少ないことを嘆いておられた。この趣旨に賛同して各先生方が自分の専門の立場から、平易な入門書を書くことに挑戦した。私も森忠順氏の主張に賛同し『弘法大師空海の金言をひらく』と『はじめての「梵字の読み書き」入門』を書いた。

そして気がついた。出版した内容は、単語の解説とか、文章の現代語訳にはなっているだろう。しかしこの方法では、空海の人間性、空海密教の思想は一般の方には伝わらないだろう。理解されないだろう。このことが常に私の頭から離れず20年が経過している。

私も自分の年齢に気も留めず、ふと気がつくと80歳になっている。そろそろ物事を忘れる方が多くなる年齢である。文章の表現を思いつくも、単語が出てこない。そこであわてながら森忠順氏が提案された問題に挑戦を試みようと愚考した。それが本書である。

令和5（2023）年は、宗祖弘法大師空海御誕生1250年の年である。本書はその記念出版としておきたい。

静　慈圓

【主要参考文献】

ゴータマ・ブッダ〔釈尊伝〕　中村元（法藏館）
釈尊　――その行動と思想　宮坂宥勝（評論社）
釈尊の生涯　水野弘元（春秋社）
ブッダの医学　杉田暉道（平河出版社）
釈迦の医学　服部敏良（黎明書房）
ブッダのターミナルケア　吉元信行（法藏館）
定本弘法大師全集　第一巻〜第十巻　（高野山大学密教文化研究所）
弘法大師空海の研究　武内孝善（吉川弘文館）
空海はいかにして空海となったか　武内孝善（角川選書）
空海　――生涯とその周辺　高木訷元（吉川弘文館）
空海・心の眼をひらく　――弘法大師の生涯と密教　松長有慶（大法輪閣）
空海と智の構造　村上保壽（東方出版）
空海密教の源流と展開　静慈圓（大蔵出版）
空海の行動と思想　――上表文と願文の解読から　静慈圓（法藏館）
空海入唐の道　――現代中国に甦る巡礼道を行く　静慈圓（朱鷺書房）
葬儀を考える　藤井正雄編著（筑摩書房）
「お葬式」はなぜするの？　碑文谷創（講談社＋α文庫）
密教福祉　vol・1　vol・2　密教福祉研究会編（御法インターナショナル）
仏教とビハーラ運動　――死生学入門　田代俊孝（法藏館）
密教瞑想と深層心理　――阿字観・曼荼羅・精神療法　山崎泰廣（創元社）

【主要参考文献】

仏教における観法　遠藤祐純（ノンブル社）
仏教思想と医学　川田洋一編（東洋哲学研究所）
仏教医学物語（上）・（下）　川田洋一（レグルス文庫）
今なぜ仏教医学か　杉田暉道・藤原壽則（思文閣出版）
やさしい仏教医学　――我が国最初のターミナル・ケア学　杉田暉道（出帆新社）
仏教と医療・福祉の近代史　中西直樹（法藏館）
沈黙の菩薩　――医療と宗教の狭間で　今井幹雄（東方出版）
僧医として生きる　対本宗訓（春秋社）
医師と僧侶の狭間を生きる　与芝真彰（悠飛社）
空と無我　――仏教の言語観　定方晟（講談社現代新書）
仏教の思想3 空の論理〈中観〉　梶山雄一・上山春平（角川ソフィア文庫）
「覚り」と「空」　――インド仏教の展開　竹村牧男（講談社現代新書）
業と宿業　――新しい自己の発見のために　増谷文雄（講談社現代新書）
意識と本質　――精神的東洋を索めて　井筒俊彦（岩波文庫）
唯識入門講座　――本とDVDで考える本当の生きかた　横山紘一（大法輪閣）
果因説　――意識の転換で未来は変わる　西園寺昌美（白光出版）
生老病死の哲学　佐藤三千雄（本願寺出版社）
生死の仏教学　――「人間尊厳」とその応用　木村文輝（法藏館）
身体論　――東洋的心身論と現代　湯浅泰雄（講談社学術文庫）
身体の宇宙性　――東洋と西洋　湯浅泰雄（岩波書店）
生命誕生の真実　――人はなぜ、なんのために生きるのか　川田薫（新日本文芸協会）
死に方を忘れた日本人　碑文谷創（大東出版社）
法然と親鸞　山折哲雄（中央公論新社）

死生学〔1〕島薗進・竹内整一編〔2〕〜〔5〕（東京大学出版会）
死生学研究 2003三年春号〜2012年（第17号）（東京大学大学院人文社会系研究科）
「生と死」の21世紀宣言part 1〜part 8 柳田邦男他／21世紀高野山医療フォーラム（青海社）
生命倫理講座講義録「生と死」平成9年度〜平成11年度（高野山大学生命倫理研究会編）
暗号は解読された 般若心経 岩根和朗（献文舎）
般若心経の科学 天外伺朗（NON・BOOK）
般若心経講話 鎌田茂雄（講談社学術文庫）
般若心経入門 近藤堯寛（宝島社）
般若心経の神髄 ――般若経の思想と空海の解釈 小峰彌彦（里文出版）
神と仏の日本文化 小峰彌彦（大法輪閣）
福島第一原発事故の「真実」 NHKメルトダウン取材班（講談社）
原発事故は終わっていない 小出裕章（毎日新聞出版）
医療訴訟 小山稔・西口元（青林書院）
患者側弁護士と家族のための医療事故訴訟 吉川壽純（清文社）
カンの構造 ――発想をうながすもの 中山正和（中公新書）
フロイト入門 妙木浩之（ちくま新書）
死から学び、生を考える 立川昭二・佐藤智（日本評論社）
もしも一年後、この世にいないとしたら。 清水研（文響社）
癒し癒されるスピリチュアルケア ――医療・福祉・教育に活かす仏教の心 大下大圓（医学書院）
全力往生 ――あの世とこの世にときめきを 帯津良一（小学館）
「死の医学」への日記 柳田邦男（新潮社）
「気づき」の力 ――生き方を変え、国を変える 柳田邦男（新潮社）
美しい死 森亘（アドスリー）

【主要参考文献】

生き方のコツ 死に方の選択　鎌田實・高橋卓志（集英社文庫）
安楽死の論理と倫理　宮川俊行著（東京大学出版会）
いのちの文化史　立川昭二（新潮選書）
いのちの文化人類学　波平恵美子（新潮選書）
ホスピス・緩和ケア　柏木哲夫（青海社）
生と死への眼差し　村上陽一郎（青土社）
人は死ぬから幸福になれる　島田裕巳（青志社）
知的唯仏論　宮崎哲弥・呉智英（新潮文庫）
心身関係論　――近世における変遷と現代における省察　池田善昭（晃洋書房）
心と脳　――認知科学入門　安西祐一郎（岩波新書）
心を生みだす脳のシステム　――「私」というミステリー　茂木健一郎（ＮＨＫブックス）
こころを医学する　岡本道雄・井村裕夫編（岩波書店）
脳はなぜ「心」を作ったのか　――「私」の謎を解く受動意識仮設　前野隆司（ちくま文庫）
脳と人間　時実利彦（雷鳥社）
脳内革命　――脳から出るホルモンが生き方を変える　春山茂雄（サンマーク出版）
自然現象と心の構造　――非因果的連環の原理　Ｃ・Ｇ・ユング、Ｗ・パウリ　河合隼雄・村上陽一郎訳（海鳴社）
ゲーム脳の恐怖　森昭雄（生活人新書）
宇宙は何でできているのか　村上斉著（幻冬舎新書）

※以上は、主に一般的な単行本を取り上げた。
さらに深く知るには、それぞれの本に掲載の参考文献も参照されたい。

著者略歴

静　慈圓（しずか　じえん）

1942年徳島県生まれ。1971年高野山大学大学院博士課程修了。1974年大阪大学大学院中国哲学専攻研究生了。1974年高野山大学講師。1982年日本印度学仏教学会賞受賞。1984年「空海・長安への道」訪中団団長として、福州（赤岸鎮）から西安（青龍寺）までの2400キロを踏破。以後訪中120回。この道を精査し、「空海ロード」と名づけ巡礼の道として完成した。1989年学修灌頂入壇、伝燈大阿闍梨職位を受ける。

現在、高野山大学名誉教授、高野山清涼院住職。博士（仏教学）。

著書に、『梵字悉曇』『梵字で書く般若心経』『空海入唐の道』（いずれも朱鷺書房）、『性霊集一字索引』『シルクロードの風』（いずれも東方出版）、『空海密教の源流と展開』（大蔵出版）、『空海の行動と思想』（法藏館）、『弘法大師空海の金言をひらく』（セルバ出版）など。

仏教は現代人への救いとどう向き合うのか
――仏教・密教思想からの見識

2023年10月3日　初版発行

著　者　静　慈圓　© Jien Shizuka

発行人　森　忠順

発行所　株式会社 セルバ出版
〒113-0034
東京都文京区湯島1丁目12番6号 高関ビル5B
☎ 03（5812）1178　FAX 03（5812）1188
https://seluba.co.jp/

発　売　株式会社 三省堂書店／創英社
〒101-0051
東京都千代田区神田神保町1丁目1番地
☎ 03（3291）2295　FAX 03（3292）7687

印刷・製本　株式会社 丸井工文社

●乱丁・落丁の場合はお取り替えいたします。著作権法により無断転載、複製は禁止されています。
●本書の内容に関する質問はFAXでお願いします。

Printed in JAPAN
ISBN978-4-86367-846-0